H. Hinterhuber, M. Scheuer, P. van Heyster

Der Mensch in seiner Klage

Hartmann Hinterhuber, Manfred Scheuer,
Paul van Heyster (Herausgegeber)

Der Mensch
in seiner Klage

Anmerkungen aus Theologie und Psychiatrie

Mit Beiträgen von Reinhold Boschki,
Georg Fischer SJ, Paul van Heyster,
Hartmann Hinterhuber, Hans-Peter Kapfhammer,
Roland Kuhn †, Paul von Naredi-Rainer, Roger Pycha,
Manfred Scheuer, Christian Schneider,
Hans Georg Zapotoczky

Tyrolia-Verlag · Innsbruck-Wien

Mitglied der Verlagsgruppe „engagement"

Bibliografische Information Der Deutschen Bibliothek
Die Deutsche Bibliothek verzeichnet diese Publikation in der Deutschen
Nationalbibliothek; detaillierte bibliografische Daten sind im Internet unter
http://dnd.ddb.de abrufbar.

2006
Verlagsanstalt Tyrolia, Innsbruck
Umschlaggestaltung: stadthaus 38, Innsbruck
Layout: Satzstudio Walter Schöpf, Oberperfuss
Druck und Bindung: Alcione, Trento
ISBN-10: 3-7022-2785-7
ISBN-13: 978-3-7022-2785-2
E-Mail: buchverlag@tyrolia.at
Internet: www.tyrolia.at

Inhaltsverzeichnis

Vorwort

Gefühle werden durch Mimik und Gestik, besonders aber durch sprachliche Äußerungen ausgedrückt. Dieser Band behandelt das große Thema der Verzweiflung, der Anklage, der Klage. Das Klagen ist so alt wie die Menschheit: zu allen Zeiten haben sich Menschen gegen das unbarmherzig empfundene Schicksal, gegen Verletzungen und Verlusterlebnisse aufgelehnt und die damit verbundene Traurigkeit, Verstimmung und Depression in Worte gekleidet. Der Klagende will und kann dem anderen keine Schuld anlasten, er erwartet keine aktuelle Hilfe oder Ratschläge, sondern in erster Linie Verständnis und – unter Umständen – Trost oder Aufmunterung.

Klagen und Jammern sind stets Ausdrucksformen des Leidens am Leben, häufig auch Symptome einer depressiven Erkrankung. Klagen und Jammern sind immer auch abhängig von der Kultur und den Traditionen des jeweiligen Landes. Die Kultur wirkt prägend auf die Gestaltung von psychischem Leid, sie kann dieses stabilisieren oder verschlechtern.

Die Klage des Menschen beschäftigt die Theologie und die Psychiatrie, sie fordert sowohl von Seelsorgern wie auch von Psychotherapeuten eine Antwort: Dies ist das Ziel des vorliegenden Bandes.

„Die Klage" war das Generalthema der 10. Jahrestagung der Gesellschaft „Psychiatrie und Seelsorge". Namhafte Vertreter der Bibelwissenschaften, der vergleichenden Religionswissenschaften, der Anthropologie sowie der Psychiatrie und Psychotherapie widmeten sich diesem den Menschen seit Urzeiten bewegenden Thema. Sinn und Ziel sowohl des Symposiums wie auch des vorliegenden Bandes ist es, eine Brücke zwischen Psychiatrie und Seelsorge zu schlagen und eine breite Öffentlichkeit für diese Fragestellung zu sensibilisieren.

Schon in den 20er Jahren des vergangenen Jahrhunderts wies Viktor E. von Gebsattel auf die „Abwanderung der abendländischen Menschheit vom Seelsorger zum Nervenarzt" hin. Nach dem 2. Weltkrieg rief Viktor von Weizsäcker zu Gesprächen zwischen Psychiatern und Theologen auf. Viktor E. Frankl führte in seinen Vorlesungen eine Reihe von namhaften Persönlichkeiten der psychiatrischen Wissenschaften an, die sich – wie er selbst – durch ihre Patientinnen und Patienten gedrängt fühlten, die Aufgabe der Seelsorge zu übernehmen: Im Jahr 1949 hatte er sein Buch „Ärztliche Seelsorge" veröffentlicht. Seine

Unterscheidung zwischen dem seelischen Heilungsauftrag durch den Arzt und der priesterlichen Sorge um das Seelenheil ist bis heute maßgebend geblieben.

In der Sorge des Seelsorgers nach dem Seelenheil des Menschen stellen sich Fragen wie: Was geschieht, wenn ein Mensch seinen aufgebrochenen Schmerz nach außen schreit? Was bricht an Hoffnung auf, wenn die Not vor Gott ausgesprochen wird? Selbst wenn Gott in der Klage nur kaum oder nur indirekt vorkommt: die eigene Not wird vor jemandem ins Wort gebracht; sie gerät vor ein DU. Es wird dabei sicher nicht das Leiden an sich gesucht, sondern es wird im Leiden Gott, ein Du und die Hoffnung gesucht. Je mehr geklagt wird, desto mehr wird Gott zugemutet, aber auch zugetraut. Und gerade darin liegt schon eine Spur von Heil.

Wir hoffen, unseren verehrten Leserinnen und Lesern eine Hilfestellung in den bedrängenden Fragen psychiatrischer Not geben zu können.

Unser Dank gebührt Frau Sabine Schmid und Frau Alice Fürnsin für die Organisation der Tagung und die redaktionelle Unterstützung sowie Frau Mag. phil. Irmgard Sieglind Hinterhuber für die Übernahme der Lektoratsaufgaben. Danken müssen wir auch der Verlagsanstalt Tyrolia für die bibliophile Ausstattung des Buches, besonders aber allen Autoren, die diesen Band so reich gestaltet haben.

Möge dieses Buch helfen, den eigenen Standort zu überdenken, Positionen zu klären und zum Nachdenken anregen.

Innsbruck und Wien im Sommer 2006

Hartmann Hinterhuber   *Manfred Scheuer*   *Paul van Heyster*

Die psychiatrische Dimension der Klage

Hartmann Hinterhuber

Über das Klagen: Anmerkungen zum sprachlichen Ausdruck von Gefühlen

I.

Das Klagen ist so alt wie die Menschheit: Stets hat sich der Mensch gegen das als unbarmherzig empfundene Schicksal, gegen Verletzungen und Verlusterlebnisse aufgelehnt und hat die dadurch erlebte Traurigkeit, die Verstimmung und Depression in Worte gekleidet. Die Klage und das Jammern sind die sprachlichen Ausdrucksformen eben dieser Gemütsregungen.

In der Literatur finden sich die unterschiedlichsten Gestaltungsmöglichkeiten: „Jammern kann jeder, aber Klagen ist Kunst." (Mathias Mayer) In der Dichtung wurde die Elegie zur geeigneten Ausdrucksweise für alle Arten der Klage: Die Ursprünge der Elegie liegen im Dunkeln. Dem Namen nach hängt sie mit der Flöte zusammen und mit kleinasiatischen Trauergesängen.

Schon in den ältesten schriftlichen Äußerungen des Menschen finden sich erschütternde Dokumente der Klage. Im altägyptischen „Streitgespräch eines Mannes mit seiner Ba-Seele", dem sogenannten „Gedicht des Lebensmüden" – verfasst in der ersten Zwischenzeit um 2100 v. Chr. – beklagt ein depressiv erkrankter Mensch sein schweres Los, das er nicht mehr länger glaubt, ertragen zu können. Er sehnt sich explizit nach dem Tod und klagt: „Zu groß ist die Last, die mir auferlegt."

Im Psalm 22, der in der Mitte des ersten vorchristlichen Jahrtausends geschrieben worden ist, begegnet uns das Vollbild einer depressiven Symptomatik: Die Schilderung ist so eindrucksvoll, dass auch nach den aktuellsten Diagnosekriterien eine Depression festgestellt werden könnte. Diesen Psalm wird Christus sterbend am Kreuz rezitieren. Mit großer Anteilnahme und tiefer Erschütterung hören wir hier: „Ich rufe bei Nacht und finde doch keine Ruhe. / Ich bin ein Wurm und kein Mensch, der Leute Spott, / vom Volk verachtet ... / Die Not ist nahe und niemand ist da, der hilft ..."

Wir kennen Klagen in literarischer Vollendung bei Jeremia und bei verschiedenen Psalmen: „Warum ist mein Schmerz anhaltend, / und meine Wunde unheilbar?" Und Hiob klagt (7, 11): „Ich will reden in der Angst meines Herzens / und will klagen in der Betrübnis meiner Seele."

In der hellenistischen Dichtung wird die Klage zu einem exklusiven Kunstwerk, bald ist die meistens unglückliche Liebe der hauptsächliche Gegenstand. Insgesamt herrschen jedoch Trauergesänge vor.

Die größten Höhen erreichte die Elegie mit den Werken Hölderlins und Goethes, später besonders mit den „Duineser Elegien" von Rainer Maria Rilke. Georg Trakl schreibt in seiner dunklen, bewegenden „Klage": „Schlaf und Tod, die düstern Adler / umrauschen nachtlang dieses Haupt." Heinrich Heine formulierte seine Klage in eine Elegie: „Verdrossnen Sinn im kalten Herzen hegend, / reis' ich verdrießlich durch die kalte Welt, / zu Ende geht der Herbst, ein Nebel hellt, / feucht eingehüllt die abgestorbne Gegend. / … nun kommt das Schlimmste noch, es regnet."

Die Klage ist auch ein Thema der moderneren Literatur: Der jung verstorbene depressive Albin Zollinger schrieb 1933 ein Gedicht voll Traurigkeit und Verzweiflung, dem er den Titel „Elegie" gab: „Wenn ich sage, ich sitze und bin hier einsam, / so klag' ich im Ernste, nicht um mich zu schmücken. / Aber ihr kommt nicht! / Die Sonntage stehen still mit / hängenden Grenzen der Verträumung. / Und ihr lustwandelt in freundlichen Gewändern, / angebetete Menschen. / Aber wenn ich euch suche / ist euer Gruß wie ein Schild, / ein fremdes Land eure Sprache. / Ihr seid in den Abendröten, schön und golden und fern / und ich folge euch. / Aber ich dämmere nur wie euer Schatten …"

Rüdiger Görner schreibt in seinem Buch „Deutsche Elegien des 20. Jahrhunderts": „Das Ich ist überwältigt vom Gegenstand der Klage; denn das Leid, das Leiden hatte unerhörte Ausmaße angenommen. Angesichts dessen droht dieses Ich zu verstummen und die Elegie unter der Last des zu Beklagenden zu zerbrechen. Das unerhörte Leiden verlangte unerhörte Klagen, verlangte unerhörte elegische Formen."

Das 20. Jahrhundert hat in der Tat vielfachen Anlass zur Klage gegeben. So schreibt Erich Fried in seiner „Klage um eine Klage": „In aller Schande, unserer schändlichen Zeit / habe ich mir bewahrt / noch klagen zu können." Und Nelly Sachs fand im Nachkriegsdeutschland „nur noch Seufzer / zwischen Nacht und Nacht." Im Klagelied „Deutschland" bekennt auch Bertold Brecht: „Oh Deutschland, bleiche Mutter! / Wie sitzest du besudelt / unter den Völkern / unter den Befleckten / fällst du auf."

II.

Gefühle können durch Sprache, Mimik und Gestik ausgedrückt werden. Das Zeigen und das Äußern von Gefühlen wird nicht nur von der Psychologie und Psychiatrie, sondern auch von den Sprachwissenschaften untersucht und analysiert. Das Verbalisieren von Gefühlen ist auch ein Thema der neueren linguistischen Forschung. „Sprache und Emotion" stellt ein neues interdisziplinäres Forschungsgebiet von Psychopathologie und Sprachwissenschaften dar. Psychologie und Psychiatrie haben jedoch erst zaghaft das Angebot der Sprachwissenschafter angenommen, gemeinsam die Kommunikation von Emotionen zu untersuchen.

So weist die Linguistin Susanne Marten-Cleef auf die Vielseitigkeit des emotionalen sprachlichen Handelns hin und schreibt: „Die Sichtung aller der in der deutschen Sprache für das Ausdrücken von Gefühlen verfügbaren Mittel geht weit über die Liste von ‚Emotionswörtern' hinaus". Mit jeder Auflistung von Emotionswörtern ist aber immer die Frage verbunden, welche Grundemotionen unterschieden werden können (Marten-Cleef).

Das Reden über Gefühle und das eigentliche Gefühlserleben spielt sich auf unterschiedlichen Ebenen ab. Diesbezüglich schreibt U. Mees: „Allerdings können wir nur dann sinnvoll von Gefühlen und über sie reden, d. h. uns miteinander verständigen, wenn wir das Wissen, das die Sprache bewahrt, kennen und richtig verwenden." Schon Ludwig Wittgenstein stellte die Frage:

„Wie ist es nun mit der Sprache, die meine inneren Erlebnisse beschreibt und die nur ich selbst verstehen kann? *Wie* bezeichne ich meine inneren Erlebnisse mit Worten? – So wie wir's gewöhnlich tun? Sind also meine Empfindungsworte mit meinen natürlichen Empfindungsäußerungen verknüpft? In diesem Falle ist meine Sprache nicht ‚privat'. Ein Anderer könnte sie verstehen, wie ich. – Aber wie, wenn ich keine natürlichen Äußerungen der Empfindung, sondern nur die Empfindung besäße? Und nun *assoziiere* ich einfach Namen mit den Empfindungen und verwende diese Namen in einer Beschreibung." (Wittgenstein 1977, § 256)

Susanne Marten-Cleef hat sich eingehend mit dem sprachlichen Ausdruck von Gefühlen beschäftigt. Sie fasst alle diesbezüglichen Möglichkeiten zusammen:

Sprachlicher Ausdruck von Gefühlen

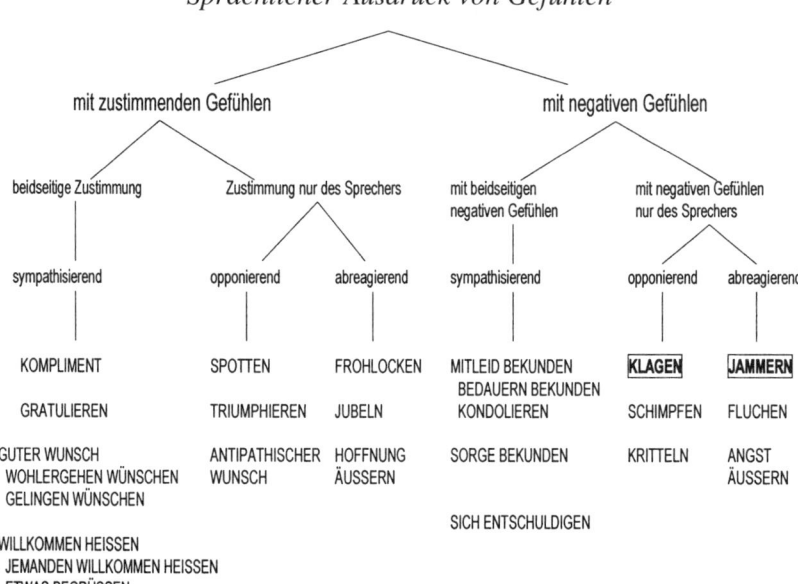

modifiziert nach Susanne Marten-Cleef

Von diesem Repertoire menschlicher Äußerungen interessiert uns nun besonders das *Klagen* und das *Jammern*. Beide drücken Depressivität und Traurigkeit aus. Bei den „opponierenden" Äußerungen handelt es sich um Sprechhandlungen, mit denen ein Sprecher einem aktuell erlebten Gefühl „Luft macht" (Marten-Cleef). Dieses Gefühl ist den realen oder den vermuteten Emotionen des Adressaten entgegengesetzt. Durch diese „opponierenden" Äußerungen, durch das *Klagen*, aber auch durch das Schimpfen und Kritteln, gibt der Sprecher zu erkennen, dass er den eigenen Wertverlust emotional nicht akzeptiert. Er bezieht seinem Gesprächspartner gegenüber eine konträre emotionale Stellung. Bei der sprachlichen Äußerung „Klage" empfindet der Sprecher das ausgedrückte Gefühl der Verzweiflung in aller Schärfe. Dabei ist immer ein konkreter Anlass vorhanden, der dieses aktuelle Gefühlserlebnis ausgelöst hat.

Das Klagen hat Ähnlichkeiten mit dem Sich-Beschweren, dem Beanstanden oder dem Sich-Beklagen. Bei den letztgenannten Unmutsbekundungen ist aber immer auch eine dezidierte Information über den Anlass dieser Handlungsweisen verbunden. Dieser fehlt bei der Klage.

Der Klagende will und kann dem anderen keine Schuld anlasten, er erwartet keine aktuelle Hilfe oder Ratschläge, sondern in erster Linie Verständnis und – unter Umständen – Trost oder Aufmunterung (Zillig 1982: 152). Der Sprecher beabsichtigt immer, seiner Umgebung zu erkennen zu geben, dass er über einen Sachverhalt traurig und verzweifelt ist. Das Klagen beruht stets auf einem tiefen persönlichen Empfinden des Sprechers. Anlässe von Klagen sind eigene Verluste oder Verluste nahestehender Personen – Verluste an materiellem Besitz, an Gesundheit oder sozialen Werten wie „Ehre" und „Ansehen". Auf den erlittenen Wertverlust reagiert der Klagende mit Gefühlen wie Kummer, Niedergeschlagenheit, Trauer, Traurigkeit oder Verzweiflung. Immer spielt auch eine gewisse Ohnmacht gegenüber der veränderten Lebensbedingung mit. Das Klagen ist somit das Einnehmen einer Gegenposition: Der Klagende gibt zu erkennen, dass er einen von einer anderen Person, einer anderen Gruppierung oder einer Macht, vom Schicksal oder von Gott zugefügten Verlust nicht akzeptieren kann.

Die Gewichtung des Anlasses hängt von den Wertvorstellungen des Betreffenden ab, vom Ausmaß seiner persönlichen Kränkung oder auch vom Zeitpunkt, an dem der belastende Zwischenfall eingetreten ist: Je schwerwiegender und unerwarteter das Ereignis, desto stärker das Ausmaß der Klage.

Die Klage hat immer einen Adressaten. Die klagenden Äußerungen (oder Gefühlsentladungen) haben nicht den Charakter einer Konfrontation: Dies unterscheidet das Klagen vom Schimpfen, das als Bekundung eines aggressiven Zustandes zu interpretieren ist.

Der Klagende vermittelt häufig – aber nicht bindend – auch seine emotionale Betroffenheit, da er die eigene Reaktion auf das ihn belastende Ereignis besonders stark erlebt: „Ich könnte heulen!" oder „Mir fehlen die Worte!"

Im Unterschied dazu dient das *Jammern* der Entladung oder Abreaktion einer emotionalen Befindlichkeit. Marten-Cleef beschreibt das Jammern aus linguistischer Sicht folgendermaßen: „Der Sprecher bringt ein Gefühl von Traurigkeit zum Ausdruck angesichts eines Sachverhalts, für den er selbst oder eine dritte Person verantwortlich ist oder der eine nicht-personale Ursache hat. Anders als bei Klagen ist mit Jammern nicht beabsichtigt, eine gegenüber dem Adressaten konträre Position einzunehmen (und damit Spannung zu erzeugen), vielmehr drückt der Sprecher die emotionale Aversion allein aus, um sich selbst von inneren Spannungen zu entlasten. Dieses Ziel kann auch erreicht werden, ohne dass die Sprechhandlung an einen Adressaten gerichtet ist" (S. 327). Ein weiteres Ziel des Jammerns kann in einer Dialogsituation auch darin bestehen, im Gegenüber Mitleid zu erwecken oder Trost einzuholen. Auslöser bzw. Anlässe des Jammerns sind real erlebte oder imaginierte bzw. vermutete Verluste des sozialen Ansehens, der Handlungskompetenz oder von materiellen Gütern. Auch ein Verlusterlebnis einer nahestehenden Person kann Anlass des Jammerns sein. An der Basis des Jammerns ist stets das Gefühl der Traurigkeit und/oder der Trauer. Traurigkeit wird umso stärker erlebt, je unerwarteter und je schwerer die belastenden Ereignisse aufgetreten sind und je größer die reellen oder vermuteten Folgen für die betroffene Person sind. Das Jammern dient immer der Abreaktion eines aversiven Gefühls: Die emotionale Einstellung eines möglichen Adressaten wird dabei nicht berücksichtigt. Das Jammern beinhaltet stets auch einen Hinweis auf den Anlass oder auf den Betroffenen selbst: „So etwas Dummes!", „So ein Pech!" oder „Ich armer Pechvogel!", „Womit habe ich das verdient?". Jammern als Ausfluss eines Gefühles der Traurigkeit wird des öfteren von Weinen begleitet.

Jammern unterscheidet sich von *Fluchen* dadurch, dass bei letzterem unmittelbar ein starkes Gefühl von Ärger zum Ausdruck kommt. Im Gegensatz zu *Schimpfen* basiert das Fluchen nicht auf einem Sachverhalt, für den ein Adressat als verantwortlich vermutet wird. Der Fluchende sucht primär keine Konfrontation mit seinem Gegenüber: Das Fluchen dient vor allem der Entladung intrasubjektiver Spannungen.

III.

Im Klagen und Jammern bietet der Leidende ausdrucksstark in Worten, Mimik und Gestik seinen Schmerz und seinen Kummer, seine Ängstlichkeit und seine Befürchtungen dar.

In den modernen psychiatrischen Klassifikationssystemen ICD-10 und DSM-IV findet sich weder der Terminus „Klagen" noch das „Jammern". Die genannten Klassifikationssysteme legen fest, wie eine Störung definiert ist und formulieren explizite Vorgaben von diagnostischen Ein- und Ausschlusskriterien im Sinne einer Verbindung von Symptom-, Zeit- und/oder Verlaufskriterien und bestimmen klare diagnostische Entscheidungs- und Verknüpfungsregeln. Die Einführung operational definierter Kriterien und Entscheidungsregeln hat aber in

Verbindung mit einer Vielzahl von Skalen und Inventarien zu einer Verkümmerung psychopathologischer Kenntnisse geführt.

Der älteren Psychiatrie war der Terminus „Jammerdepression" für eine Form der „agitierten endogenen Depression" sehr wohl gebräuchlich. Die depressive Hemmung des Gedankenganges fehlt dabei: Die Kranken jammern und lamentieren den ganzen Tag eintönig über das große Unglück, die verlorene Zukunft, die sündige Vergangenheit oder andere depressive Inhalte (U.H. Peters 1984).

Die aktuelle psychiatrische Literatur hat Klagen und Jammern weitgehend aus ihrem Vokabular gestrichen: Ältere Lehrbücher widmen dieser Ausdrucksform affektiver Störungen viel Raum und Gewicht. Zur Darstellung exemplarischer Beispiele zitiere ich aus dem „Lehrbuch der Geisteskrankheiten" von Oswald Bumke, erschienen 1929 im Verlag von J. F. Bergmann in München.

Eindrucksvoll beschreibt Bumke die *„Symptomatologie der Melancholie"* und schildert betroffene Patienten: „Sie jammern laut, rennen aufgeregt hin und her und suchen in unruhigen Bewegungen und manchmal sogar in Gewalttaten eine Entladung für ihre innere Spannung" (S. 331).

Bei der *„hysterischen Depression"* schreibt Bumke: „Dann haben die Äußerungen der Angst etwas Demonstratives, und sogar die Selbstanklagen sind sichtlich darauf berechnet, den Widerspruch des Gegenübers und seinen beruhigenden Zuspruch herauszufordern. Dazu hängen die Gestaltung sowohl wie der Verlauf dieser Zustände von dem Verhalten der Umgebung ab. Je mehr Zuhörer da sind, umso lebhafter werden die Angst und das Jammern und schon eine eingeleitete Besserung tritt sofort wieder zurück, wenn man die bevorstehende Entlassung des Kranken erwähnt" (S. 337).

Klagen und Jammern beschreibt Bumke auch bei den *„Symptomatischen und schizophrenen Depressionen"*. Hier hält er fest: „Das Jammern nimmt nach Tagen oder Wochen einen mehr zwangsmäßigen, stereotypen, gefühlsleeren Charakter an und in die Äußerungen der Angst mischen sich katatone Symptome" (S. 338).

In der Erörterung der *Mischzustände* lesen wir im erwähnten Lehrbuch: „Depressive Kranke sind nicht immer gehemmt, sondern zuweilen auch aufgeregt, sie jammern laut und viel, klammern sich an andere an oder rennen unaufhörlich hin und her. Dieses Bild erscheint uns deshalb bis zu einem gewissen Grade verständlich, weil es zu dem Verhalten der normalen Angst Analogien besitzt" (S. 353).

Bumke wendet sich ferner gegen die damals weit verbreitete Auffassung, „dass alle *Involutionsmelancholien* dem manisch-depressiven

Irresein angehören". Für ihn bleiben doch viele Formen der Melancholie übrig, die eine Sonderstellung beanspruchen können. Die unterschiedlichen Symptomkonstellationen werden nicht nur „durch hysterisch aussehende Züge wie das rücksichtslose, aufdringliche, theatralische Jammern" (die „Hysteromelancholie" der älteren Psychiatrie), sondern auch durch das Überwiegen hypochondrischer und paranoider Auffassungen geprägt. Bei den *„Psychosen des Rückbildungs- und Greisenalters"* schreibt Bumke, dass sogar ein eigentliches Verbigerieren vorkommt – am häufigsten wohl in Form eines stereotypen Jam-

merns: „Die hat mich geschlagen, geschlagen ...", „Man will mich metzgern, metzgern ..." (S. 589). Ähnliches schreibt er auch bei den „klimakterischen Formen" der paranoiden Psychosen im höheren Alter (S. 594).

Klagen und Jammern beschreibt Bumke auch im Kapitel 7 *„Schizophrene Krankheitsprozesse* (Dementia praecox)": „Immerhin knüpfen manche Erregungszustände in der äußeren Gestaltung so sehr an Wutausbrüche oder an das ängstliche Jammern mancher melancholischer Patienten an, dass die ältere Psychiatrie hinter allen katatonischen Erregungen krankhafte Vorstellungen, Sinnestäuschungen und dergleichen gesucht hat." Dem stereotypen Jammern einer katatonen Patientin (S. 711) widmet er ein bewegendes und erschütterndes Bild (siehe Abb.).

IV.

Affektive Störungen zeigen eine weitgehend einheitliche, ja einförmige Gestalt: Störungen der Stimmungslage und der Befindlichkeit, der Verlust der Freude und des Antriebes sowie Niedergeschlagenheit und Biorhythmusstörungen (wie frühes Erwachen) und vegetative Symptome (wie Mundtrockenheit und Obstipation) kennzeichnen depressive Erkrankungen in allen Kulturregionen, unabhängig von Sprach- und

Volkstumszugehörigkeit. Affektive Störungen kommen in wohl unterschiedlicher Verteilung aber mit vergleichbarer Grundsymptomatik bei allen Völkern, Kulturkreisen und Rassen sowie in allen klimatischen Zonen vor. Die Häufigkeit der affektiven Störungen variiert in einzelnen Ländern in einem sehr ausgeprägten Umfang, jene der bipolaren Störungen ist deutlich ausgeglichener.

Die klinische Ausprägung sowie die Inhalte der „psychotischen Depression" sind von den jeweiligen Traditionen geprägt und wechseln von Kultur zu Kultur. Aufgrund eingehender transkultureller Studien konnte Pfeiffer aber mitteilen, dass sich depressive Kranke in den unterschiedlichen Nationen und Kulturkreisen sowie in den verschiedenen klimatischen Zonen ähnlicher sind als gesunde Individuen der betreffenden Gebiete.

Die Ausprägung einer Erkrankung wird aber immer von der herrschenden Kultur bestimmt. Dem faszinierenden Gebiet der trankskulturellen Psychiatrie widmeten wir in Südtirol einige Untersuchungen. Dabei fanden wir (Hinterhuber 1982) für affektive Störungen für die österreichische Volksgruppe eine höhere Life-Time-Rate als für die italienische. Dementsprechend war auch die administrative Inzidenz an affektiven Störungen bei der autochtonen Bevölkerung deutlich höher. Bei letztgenanntem Bevölkerungsteil fand sich eine deutlich divergierende Psychopathologie: In einem konsekutiv aufgenommenen Sample konnten wir nachweisen, dass Angst, Agitation, Somatisierung und psychogene Epiphänomene wesentlich häufiger vorkommen. Auch in Bezug auf „Klagen und Jammern" unterscheiden sich Südtiroler Patienten italienischer Sprachzugehörigkeit von jenen deutscher Muttersprache (Tab. 2).

Wolfgang Pfeiffer hat das Krankheitsbild der Depression in 37 außereuropäischen Ländern beschrieben, besonders viele seiner subtilen Untersuchungen stammen aus Indonesien. In eindrucksvoller Art und Weise gelang es ihm, die Symptomatik depressiver Patienten aus Indonesien solchen aus Deutschland gegenüberzustellen (Tab. 3). Auch hier fällt auf, dass Jammern und Klagen bei der indonesischen Patientengruppe doppelt so häufig ist wie bei der deutschen.

V.

Klagen und Jammern sind Ausdrucksformen des Leidens am Leben bzw. Symptome einer depressiven Erkrankung. Klagen und Jammern

	SÜDTIROLER italienischer deutscher Sprachzugehörigkeit		
	n = 50	n = 50	p-Wert
Ausleben der Emotionen (KLAGEN UND JAMMERN)	30	16	0.009**
Traurigkeit	41	37	0.470
Agitation	29	15	0.008**
Dysphorie	25	16	0.103
Hemmung	22	19	0.685
vegetative Störungen	47	41	0.121
körperliche Missempfindungen	38	21	0.001**
Hypochondrie	14	6	0.078 (*)
Leistungsminderung	6	17	0.016 (*)
Verarmungsideen	7	15	0.090 (*)
Schuldideen	2	7	0.160
magische Interpretation („böser Blick")	12	0	0.001**
Sorge um Angehörige	32	18	0.009**
Suizidversuch	3	16	0.002**
Suizidgedanken	5	22	0.001**

sind in der Häufigkeit ihrer Manifestation abhängig von Kultur und Tradition des jeweiligen Landes. Die Kultur wirkt immer prägend auf die Gestaltung von psychischen Erkrankungen, sie kann diese stabilisieren oder provozieren.

Die gigantische Migrationsströmung unserer Zeit sowie die internationalen Verflechtungen zwingen zu einer vertieften Kenntnis außereuropäischer Kulturen, letztlich auch um den Auftrag einer differenzierten Analyse und Therapie von Verhaltensauffälligkeiten bei Angehörigen anderer Kultur- und Traditionskreise gerecht zu werden.

Die korrekte Bewertung von Klagen und Jammern ermöglicht erst eine zielführende Diagnostik und Therapie affektiver Störungen besonders bei Menschen, die nicht dem eigenen Kulturkreis angehören. Werden die kulturell unterschiedlichen Ausdrucksweisen der Depression nicht

Stimmungslage und Verhaltensform bei Depressionen in Indonesien und Deutschland

	Indonesische Patientengruppe	Deutsche Patientengruppe	p-Wert
	N = 53	N = 53	
Ausleben der Emotionen (KLAGEN UND JAMMERN)	13	6	0.127
Traurig	37	32	0.415
Dysphorisch	17	21	0.544
Ängstlich	28	27	0.846
Apathisch	11	5	0.174
Innere und äußere Hemmung	29	15	0.010*
Innere Ruhelosigkeit bei äußerer Hemmung	17	18	0.837
Agitiertheit	7	20	0.007**
Substupor	5	2	0.437
Suizidversuch	11	14	0.648
Suizidgedanken	4	16	0.005**

$* p < 0.05$ $** p < 0.01$ (Fishers exakter Test)   W.M. Pfeiffer 1994

beachtet, besteht die Gefahr, dem klagenden oder jammernden Menschen nicht gerecht zu werden, ihn zu verkennen und ihn somit nicht entsprechend begleiten und therapieren zu können.

Literatur:

1. Bumke O.: Lehrbuch der Geisteskrankheiten. 3. Aufl., Verlag von J. F. Bergmann, München 1929.
2. Görner R.: Unerhörte Klagen. Deutsche Elegien des 20. Jahrhunderts. Insel Verlag. Frankfurt am Main/Leipzig 2000.
3. Hinterhuber H.: Transkulturelle Psychiatrie. Zschr. f. Allgemeinmed., 63, 35/36, 1047–1053, 1987.
4. Hinterhuber H., Fleischhacker W.W.: Lehrbuch der Psychiatrie. Thieme-Verlag Stuttgart New York 1997.
5. Hinterhuber H.: Epidemiologie dysthymer Störungen. In: Dysthymie. Diagnostik und Therapie der chronisch depressiven Verstimmung. Peter Hofmann (Hrsg.) Springer Verlag Wien New York, 11–19, 2002.

6. Marten-Cleef S.: Gefühle ausdrücken. Die expressiven Sprechakte. Göppinger Arbeiten zur Germanistik hrsg. von U. Müller, F. Hundsnurscher, C. Sommer. Nr. 559 Kümmerle Verlag Göppingen 1991.

7. Mees U.: Was meinen wir, wenn wir von Gefühlen reden? Zur psychologischen Textur von Emotionswörtern. In: Sprache & Koginition 4/1, 2–20, 1985.

8. Mayer M.: Rheinischer Merkur 17. 11. 2000.

9. Peters U. H.: Wörterbuch der Psychiatrie und Medizinischen Psychologie, 3. Aufl. Urban & Schwarzenberg München 1984.

10. Pfeiffer W. M.: Transkulturelle Psychiatrie. Stuttgart: Thieme 1971.

11. Pfeiffer W. M., Schoene W.: Psychopathologie im Kulturvergleich. Stuttgart: Enke 1980.

12. Pfeiffer W. M.: Transkulturelle Psychiatrie. Ergebnisse und Probleme. New York: Thieme 1994.

13. Scharfetter Ch.: Schizophrene Menschen. Diagnostik Psychopathologie Forschungsansätze. 4. überarbeitete Auflage, PsychologieVerlagsUnion Beltz 1995.

14. Searle J. R.: Expression and Meaning. Studies in the Theory of Speech Acts. Cambridge. 1979.

15. Ulich D.: Das Gefühl. Eine Einführung in die Emotionspsychologie. München/ Wien/Baltimore. 1982.

16. Verres R., Sobez I.: Kognitive Aspekte von Ärger und Wut. In: Medizinische Psychologie 6, 33–53, 1980.

17. Vollmann R.: Die Zeit 14. 12. 2000.

18. Watzlawik P., Beavin J. H., Jackson D. D.: Menschliche Kommunikation. Formen, Störungen, Paradoxien. Bern 1969.

19. Wittgenstein L.: Philosophische Untersuchungen. Frankfurt a. M. 1977.

20. Zillig W.: Wieviel Ordnung braucht die linguistische Pragmatik? In: Münstersches Logbuch zur Linguistik 2, 1–16, 1978.

Hans-Peter Kapfhammer

Klage, Jammern, Anklage: Unterschiedliche Formen psychopathologischer Befindlichkeit

Moderne Psychiater haben nicht selten Schwierigkeiten mit der ganz subjektiven Dimension menschlichen Leidens, sie neigen leicht zur objektivierenden Verkürzung in der Beziehung mit ihren Patienten. Ihnen fehlt oft auch die Sprache gerade für das Grundlegende des Leids in den unterschiedlichen psychiatrischen Syndromen. Die derzeitigen psychiatrischen oder psychologischen Lehrbücher enthalten auch keine Ausführungen mehr über das Leid, die Klage, noch weniger über die Freude.

„Es gibt eine Zeit für die Klage und eine Zeit für den Tanz" lesen wir bei Kohelet: wir könnten ihn einen unbekannten Existentialphilosophen des Alten Testaments nennen, dessen Buch in den Büchern der Lehrweisheit und der Psalmen aufgenommen ist, also eine Art Buch der Lebensweisheit, der psychologisch-religiösen Lebensführung. Kohelet beschreibt mit der „Klage" und dem „Tanz" zwei Grundformen menschlichen Verhaltens, die polare Gestimmtheiten des menschlichen Daseins verkörpern. Sie sind eingebettet in einen Lebensrhythmus, einen Lebenszyklus, bei Kohelet verstanden als ein Kreisen des Kosmos, eine ewige Abfolge von Geburt und Sterben. Sowohl die „Klage" als auch der „Tanz" haben ihren festen Platz, erlangen ihre grundlegende Bedeutung in der Gewissheit des Todes, in dem Wissen der Verantwortlichkeit vor Gott, der hinter diesem kosmologischen Werden und Vergehen steht.

Die Sichtweise Kohelets beinhaltet eine nicht hinterfragbare, wir könnten sagen, eine noch selbstverständliche Bindung der menschlichen Welt an Gott. Wir verstehen, dass sowohl Momente der Freude, Zeiten des aktiven Handelns, als auch des hemmenden Schmerzes hierauf gerichtet sind. Es mag tröstend sein, dass sowohl der „Schmerz" als auch die „Freude" in dieser Ausrichtung relativiert erscheinen. Das wiederholte poetische Grundmotiv „alles ist Windhauch" oder wie es in der Übersetzung der Bibel durch M. Luther heißt „alles ist eitel", unterstreicht dies nachdrücklich. Selbst das Böse erscheint hier von der umfassenden Ursächlichkeit Gottes nicht ausgenommen, implizit wird also auch die Frage der Rechtfertigung, der Verantwortlichkeit Gottes mitangesprochen.

Konzentrieren wir uns isoliert auf die Klage, auf den Moment des akuten seelischen Schmerzes, dann tritt dieser tröstende, bedeutungsstiftende Rahmen aber radikal zurück, ja er kann vollständig verloren gehen. Wir erahnen dies vielleicht am eindrücklichsten in der Bibel, wenn wir die Klage des sterbenden Christus am Kreuz hören: „Mein Gott, mein Gott, warum hast du mich verlassen?" (Matthäus 27, 46). „Eli, eli lema sabachtani?". „Er ruft nach Elias", sagen einige Umstehende, nach Elias dem Nothelfer der Gerechten im jüdischen Volksglauben. Einem Gerechten ist Unrecht widerfahren, ein Bruch einer verlässlichen Ordnung, eines geschlossenen Vertrags liegt vor. Die Klage hier trägt Züge auch der Anklage.

Es erfordert eine psychologische, eine religiöse Leistung, es verlangt eine spirituelle Kraft, in diesen Momenten der Gottverlassenheit trotz allem eine Heilsgewissheit verspüren zu können, zu glauben, d.h. die Gewissheit der Auferstehung am Ostermorgen mitdenken zu können, wie dies schon im Psalm Davids 22, 2 anklingt.

Uns modernen Menschen liegen Betrachtungen, wie sie Blaise Pascal in seinen Pensees mitteilt, oft näher: Der Mensch „fühlt sein Nichts, seine Verlorenheit, sein Ungenügen, seine Abhängigkeit, seine Ohnmacht, seine Leere. Unversehens steigt da vom Grund seiner Seele die Langeweile auf, die Melancholie, die Traurigkeit, der Gram, der Überdruss, die Verzweiflung … Ich sehe diese grauenvollen Räume des Alls, die mich einschließen, und ich bin an einem Winkel dieses weiten Weltraums gefesselt, ohne zu wissen, weshalb ich auch an diesen Ort gesetzt worden bin und nicht an einen anderen … Alles was ich erkenne ist, dass ich bald sterben muss."

Nähern wir uns der „Klage" und dem „Tanz" bei Kohelet in einer psychologischen Betrachtung, so werden hiermit zunächst zwei grundlegende, polar ausgerichtete Gestimmtheiten des Menschen angesprochen, der seelische Schmerz nach einem erlebten Verlust, einem widerfahrenen Unrecht, einer unbegreiflichen Selbsterschütterung zum einen, zum anderen die Freude, die zwischenmenschliche Offenheit, die ausgelassen geteilte Gemeinsamkeit mit anderen. Beide Gestimmtheiten beinhalten auch elementare psychomotorische Ausdrucksformen, die sowohl akustische als auch visuelle Modalitäten integrieren, wenngleich in je unterschiedlicher Akzentuierung:

• Die Klage ist vernehmbar, richtet sich an jemanden, will gehört wer-

den, kann aber auch ungehört verhallen. Ihr elementarer Ausdruck ist
zunächst der Schrei, das Schreien. Wer denkt nicht unwillkürlich an
Edvard Munchs Bild der „Schrei", das gleichzeitig das Entsetzen, die
Verlassenheit im Gesicht des Schreienden visuell zentriert. Wir erahnen auch schon mögliche Fortentwicklungen dieses „Schreis" in den
zahlreichen Variationen der „Melancholie", in denen wir bei Munch
den verstummten, den erstarrten, gleichsam leblosen Körper des
traurig in sich zusammengesunkenen Menschen erblicken; wiederum ist das Affektgeschehen am eindrücklichsten am Gesicht zu erkennen. Doch muss Klage noch nicht Melancholie sein, wenngleich
sie in sie einmünden kann. Und sie ist auch nicht bloß Schreien,
wenngleich sie wohl hier ihre ontogenetischen Wurzeln hat. Klage
wird oft von einer Person an ein Gegenüber gerichtet, das aufgefor-
dert wird, Stellung zu beziehen, weil es in einem mitursächlichen
Verhältnis zu dem erlittenen Leid gesehen wird. Der Inhalt der Klage ist konkret, er verlangt Rechtfertigung und auch Wiedergutmachung vom anderen. Nicht selten aber kann dieses angesprochene
Gegenüber abwesend sein, eine Stellungnahme verweigern oder
überhaupt nicht existieren. Dies verstärkt den Schmerz des Klagenden, verleiht ihm aber oft eine charakteristische Würde.

- Der „Tanz" hingegen drückt in seinen Figuren Freude, bewegtes Leben, fröhliches Miteinander aus. Es ist der ganze Körper in Ausdruck
  und Bewegung, der für eine lustvolle Verbundenheit mit anderen
  steht. Er kann in zahlreichen Variationen der Ausgelassenheit bis hin
  zur Ekstase erscheinen. Tanz ist Inhalt und Form der Kommunikation in einem. Tanzen kann akustisch wahrgenommen werden. Ge-
  räusche, Freudelaute, Zurufe sind vernehmbar, aber eindeutig der
  Musik untergeordnet. Im Tanzen wendet man sich aber nicht mit
  konkreten verbalen Inhalten an jemanden, die Tanzbewegung selbst,
  welche die frohe Gestimmtheit ausdrückt, ist der zentrale Inhalt. Es
  ist hierbei wichtig zu sehen und wichtig gesehen zu werden, die Blicke sind auf einander gerichtet, suchen und finden den Anderen, mit
  dem eine lustvolle Beziehung besteht oder angestrebt wird.

Bei Kohelet sind Klage und Tanz grundlegende Figuren vor dem
Hintergrund des auf Gott gerichteten Lebensflusses. Die Klage tritt bei
einer schmerzlichen Unterbrechung dieser Lebensbewegung auf, der
Tanz hingegen begleitet ihn, fördert ihn vielleicht.

Was aber ist die Klage als Phänomen, das im Weiteren auch den Psychiater interessieren könnte? Wählen wir hinführend ein mythologisches Beispiel zur Illustration.

- Orpheus, der für seinen Gesang und sein Saitenspiel berühmt ist, verliert seine Frau Eurydike auf tragische Weise. Eurydike stirbt durch einen Schlangenbiss, als ihr ein griechischer Gott nachstellt, sie vor ihm flieht und auf eine Schlange tritt. Orpheus ist untröstlich, vom Schmerz dieses Verlustes überwältigt, den er sich weigert hinzunehmen. Doch sein Schmerz ist nicht lähmend, er klagt gegen die Götter über den widerfahrenen Verlust, der ein Unrecht darstellt, da er göttlich verursacht ist. Seine Klage findet ihren primären Ausdruck in seinem Gesang und seinem Kitharaspiel. Hierin liegt eine verwandelnde Kraft, die auch Pflanzen und Tiere bezaubert. Seine besondere musikalische Kunstfertigkeit in dieser Klage stellt Orpheus bei seiner Fahrt in die Unterwelt des Hades unter Beweis. Orpheus bewirkt Mehrfaches. Es gelingt ihm als Lebendem, ungehindert in die Unterwelt einzutreten, Kerberos wird zahm. Die Rachegöttinnen, die Erinnyen sind zu Tränen gerührt, sie lassen ab von ihrer sonst unversöhnlichen Verfolgung jeglicher Verletzung der göttlichen Ordnung, sie werden zu Eumeniden. Selbst jene Frevler der griechischen Mythologie wie Sisyphos, Tantalus, Ixion und die Danaiden, die wegen ihrer Verbrechen gegen die Götter auf ewig verdammt sind und Höllenqualen erleiden müssen, erfahren durch die Musik des Orpheus vorübergehende Linderung. Der Herrscher der Unterwelt selbst, Hades, lässt sich umstimmen, er gibt Eurydike frei. Sie darf aus dem Reich der Toten in die Welt der Lebenden zurückkehren. Orpheus hat aber eine Bedingung zu erfüllen. Er darf sich auf dem Rückweg nicht nach Eurydike umdrehen und sie anschauen. Es gelingt Orpheus aber nicht, seine Sehnsucht nach Eurydike aufzuschieben, er dreht sich um, sieht sie an und verliert sie gerade dadurch. Orpheus versinkt in eine einsame Trauer, ohne Kontakt zur Außenwelt, seine Musik ist verstummt. Er wird schließlich von den Mänaden, den wilden Frauen im Gefolge des Dionysos, zerrissen, weil er von ihnen nichts wissen will.

- Es gibt sicherlich viele Möglichkeiten, diesen antiken Mythos in eine moderne psychologische Sprache zu übersetzen und auf unser Thema hin auszurichten. Ich möchte nur einige wenige Aspekte aufnehmen. Die Klage des Orpheus erscheint zunächst als unmittelbarer Ausdruck jenes entsetzlichen Schmerzes über den unbegreiflichen Verlust seiner geliebten Frau. Diese abgerissene Verbindung zu ihr kann er nicht ertragen, nicht als eine irreversible neue Realität akzeptieren. Wir kennen mannigfaltige affektive Reaktionen beim Vernehmen einer solchen Verlustnachricht, ein Aufschrei, eine vor Schreck versagende Stimme, ein stilles Wimmern und Schluchzen, ein lautes untröstliches Weinen und Schreien. Nicht selten werden die schmerzerfüllten Klagelaute von Attacken auf den eigenen Körper begleitet. Diese drücken sich oft in kulturell vermittelten Formen aus. Die Haare werden gerauft, die Fäuste an die Brust geschlagen, die Haut zerkratzt, bis Blut erscheint, die Hände über das Gesicht geschlagen. Wir können hier rudimentäre Ausdrucksformen des seelischen Schmerzes bei zentralen Verlusten erblicken, ein seelischer Schmerz, der sein körpergewendetes Pendant sucht, bis körperlicher Schmerz schließlich gespürt wird. Dieser unterstreicht den seelischen Schmerz und soll ihn gleichzeitig aber auch erträglicher machen. Zweifelsohne versucht dieses erste Aufschreien eine kathartische Entlastung. Aber in den Extremformen erscheint die vor seelischem Schmerz aufgerissene Haut des eigenen Körpers auch als ein stimmiges Symbol des zerrissenen Bandes mit dem verlorenen Objekt, wofür noch kein Trost gefunden werden kann.

• Orpheus' Klagen werden nach dem initialen Schock nun konturierter. Sie erhalten einen Fokus durch die Frage, wer an diesem Unglück Schuld ist. Die Ursache ist der göttliche Hurenbock Aristaisos gewesen, durch dessen Zudringlichkeit Eurydike schließlich zu Tode kam. Orpheus' Klage ist in ihrer impliziten Ausrichtung wohl auch Anklage, weil sie auf ein Unrecht, eine Verfehlung mit fatalen Folgen verweist, nicht aber in ihrer expliziten Ausdrucksform selbst. Seine Klage ist Gesang und Musikspiel in einer elegischen Form. Sie zeichnet den Schmerz nach, erhöht ihn und berührt andere unweigerlich. Sie affiziert die Zuhörer, in diesen seelischen Zustand mit einzustimmen, drängt sie zum Mitleid, zur Sympathie. Dies wiederum tröstet, lindert zumindest den Schmerz vorübergehend, gewährt Aufschub in der unerträglichen Qual. Diese musikalische Klage stellt Trauer paradigmatisch dar und transformiert sie gleichzeitig.

Wir kennen vielfältige Formen dieser musikalischen Klage. Wir erinnern uns an die Klageweiber und die Placebosingers, an den Chor und das Orgelspiel beim Trauergottesdienst, an die Musikkapelle, die am offenen Grabe den Trauermarsch aufspielt. Wir kennen ergreifende Beispiele aus der Musikliteratur, wo diese Bewegung von Crescendo und Decrescendo im akuten Trauerprozess unmittelbar vernommen werden kann. Man kann sich etwa dem Adagio for Strings von Samuel Barber einfach nicht entziehen, ohne in diesen Prozess eines anschwellenden seelischen Schmerzes hineingesogen zu werden, der dann in Verzweiflung und letztem Aufbäumen gegen den unwiederbringlichen Verlust kulminiert und sich langsam in eine stille Trauer wandelt und hier Trost finden wird.

- Die verwandelnde musikalische Klage des Orpheus und seine implizite Anklage gegen erlittenes Unrecht verrät ihre höhere moralisch-kognitive Strukturiertheit, kontrastiert man sie mit analogen, aber primitiveren Erscheinungsformen von moralischer Bewertung, von juristischer Rechtssprechung und Bestrafung, wie sie Orpheus in der Unterwelt entgegenkommen. Die berühmten Büßer der mythologischen Antike haben unverzeihliche Verbrechen gegen die Rechtsordnung der Götterwelt begangen.
  - Sisyphos hat den Thanatos gefesselt, also den Tod überlistet, den Zeus wegen seiner zahllosen Frauengeschichten verraten.
  - Tantalus hat Ambrosia von der Göttertafel gestohlen, seinen Sohn Pelops ermordet, zerstückelt und den Göttern zur Speise vorgesetzt.
  - Ixion hat seinen Schwiegervater umgebracht und die Gattin von Zeus, die Hera, verführen wollen.
  - Die 50 Töchter des Danaos, an den Vater inzestuös gebunden, weigern sich, die ihnen zugedachten Männer, die 50 Söhne des Aigyptos, zu ehelichen. Sie willigen scheinbar in die Heirat ein, erdolchen aber, mit einer Ausnahme, ihre Männer in der Hochzeitsnacht.
  Sie alle trifft eine furchtbare Strafe in der Unterwelt in ewiger Verdammnis.
  - Es ist die nie endende Mühsal, einen Felsblock den Berg hinaufzuschieben, der dann wieder runterrollt.
  - Es ist die Qual des unlöschbaren Durstes und unstillbaren Hungers.

- Es ist die Fesselung an ein feuriges Rad, das sich ewig dreht.
- Es ist die Verdammnis, Wasser in einen Wassertrog schöpfen zu müssen, der Löcher am Boden hat.

Es geht also um archaische Verbrechen und triebhafte Affektdelikte, und ebenso ursprünglich, vernichtend und nie endend sind die Strafen, die Merkmale von Rache und Vernichtung tragen. Die Rachegöttinnen, die Erinnyen wiederum sind die Vollzugsgaranten dieser grausamen Rechtsordnung von Verbrechen und Vergeltung, primitive Gewissensstrukturen, die den Täter verfolgen und vernichten. Sie werden in der späteren mythologischen Fortentwicklung schließlich zu den Eumeniden, die wohlgesinnt mit ansehen können, wie die Gebote der archaischen Götter sich zur demokratischen Rechtssprechung der athenischen Bürger wandeln. Es ist interessant, dass Orpheus mit seiner musikalischen Klage diese ursprüngliche Rechtsordnung zumindest vorübergehend suspendieren kann. Man könnte sagen, dass die moralisch höher strukturierte Klage und Anklage des Orpheus günstigere Möglichkeiten birgt, sich dem akuten Trauerprozess mit der grundlegenden Erfahrung des schmerzlichen Verlustes und der damit untrennbaren Frage nach der Verursachung dieses Unglücks zu stellen. Wir müssen aber fragen, warum Orpheus auf seinem weiteren Weg schließlich trotzdem scheitert.

- Orpheus hat recht mit seiner Klage und auch mit seiner Anklage. Sein unsäglicher Schmerz ist echt, sein Hinweis auf erlittenes Unrecht ist korrekt. Sein Bemühen, dieses Problem juridisch zu lösen, verkennt aber die grundlegendere Realität, nämlich die entscheidende Tatsache von der Irreversibilität des Todes, wie auch immer diese zustande kam. Diese neue Realität könnte er anerkennen und hierdurch zu einer Neuorientierung finden. Sein berechtigter juristischer Lösungsweg in Klage und Anklage wird nur dazu führen, sein eigentliches Problem zu verschärfen, weil er dessen grundlegende Voraussetzungen leugnet, nämlich den endgültigen Verlust der geliebten Ehefrau, die Irreversibilität des Todes negieren möchte. Es ist nicht leicht zu entscheiden, ob Hades diese Leugnungshaltung mitbestärkt, also die Illusion der Umkehr eines endgültigen Verlustes bei Orpheus fördert. Man kann Hades wohl keine heimtückische Täuschung unterstellen. Denn immerhin erscheint seine Anteilnahme an Orpheus' Schmerz und Trauer echt. Er hört auch dessen Anklage als

berechtigt an. Den Ausweg aus dieser seelischen Krise, den therapeutisch wirksamen Weg, den er Orpheus aufweist, ist für diesen
möglicherweise aber missverständlich. Die Rückkehr in die Welt der
Menschen, die Rückkehr ins Leben wäre im entmythologisierten
Verständnis nur möglich, die imaginäre Präsenz des verlorenen geliebten Menschen innerlich zu spüren, innere Bilder der liebevollen
Erinnerung zuzulassen, aber auch der schmerzlichen Wahrnehmung
standzuhalten, ihn nie mehr wirklich wieder zu sehen, ihn real zu erkennen und von ihm erkannt zu sein. Dies wäre die eigentliche Trauerarbeit, an der Orpheus scheitert. Sein weiterer Werdegang zeigt,
dass seine Trauer zur pathologischen Trauer wird, zur Melancholie.
Diese zerstört ihn schließlich. Die negierten Lebenskräfte, die sinn-
liche, aber strukturlose Vitalität der Mänaden kehrt sich destruktiv
gegen ihn, sie zerreißen seinen Körper.

Heben wir diesen mythologischen Exkurs nun auf eine psychopatholo-
gisch-psychodynamische Ebene. Fragen wir, wie wir diese Dimension
von Klage und Anklage bei Zuständen von Trauer und Depression besser verstehen können.

Nach wie vor kann uns die grundlegende Unterscheidung, wie sie S.
Freud (1917) in seiner Arbeit über „Trauer und Melancholie" trifft, als
Ausgang für eine psychodynamische Bewertung dienen.

Trauer stellt ein phylogenetisch verankertes affektives Reaktionssys-
tem dar, das bei Unterbrechung einer Bindung zu einer geliebten Person, nach dem Verlust eines wichtigen Objekts auftritt. Trauer verläuft
in mehreren Phasen, die in einem idealtypischen Ablauf zunächst mit
„Nicht wahr haben wollen und Isolierung" einsetzt, daraufhin zu „Zorn
und Auflehnung" führt, dann ein inneres „Verhandeln" einleitet, in eine eigentliche „Trauer" übergeht, die schließlich eine „Zustimmung"
zur Endgültigkeit des Verlustes ermöglicht.

Initialer Schock, zunehmender Rückzug auf innerseelisches Erleben,
regressive Wiedererinnerung und Neuordnung beschreiben einen adap-
tiven Vorgang, der hohe Anforderungen an die Konflikt- und Affekto-
leranz, an die kognitiven Fertigkeiten eines Menschen stellt. Wir wissen, dass auch schon Kinder im Prinzip dieselbe Abfolge dieser grundlegenden psychophysiologischen Affektreaktion zeigen, wenn die Bindung zu den wichtigen Personen ihres frühen Lebens unterbrochen
wird. Spätestens seit R. Spitz wissen wir aber auch um die besondere
Verletzlichkeit von Kindern nach schlimmen Verlusterlebnissen, die in

ihrer Endkonsequenz nicht nur psychischen, sondern auch physischen Tod einschließen kann. Erschreckend müssen die häufig andauernden Deformationen ihrer weiteren Persönlichkeitsentwicklung wahrgenommen werden.

Auch im Erwachsenenleben kann schmerzliche Trauerarbeit in den unterschiedlichen Abschnitten arretiert werden und dann zur pathologischen Trauer werden. Aggressive Gefühle können in der normalen Trauer sehr wohl auftreten, doch sind sie hier in aller Regel nicht destruktiver Natur. Hierin unterscheidet sich die Trauer von der depressiven Verstimmung entscheidend, wo aggressive Affekte der Objektanklage oder der zerstörerischen Wendung gegen das Selbst von zentraler Bedeutung sind.

Die klinische Phänomenologie der schweren Depression soll hier nur kurz skizziert werden. Es liegen typischerweise affektive, kognitive und körperliche Symptome vereint vor:

- *Affektiv* imponiert eine herabgesetzte, traurige oder aber auch dysphorische Stimmungslage, die im interpersonalen Kontakt entweder durch eine übermäßige thematische Reagibilität, eine Affektlabilität, oder aber durch eine weitgehende Erstarrung des Affekterlebens und -ausdrucks ausgezeichnet ist. Neben den vielfältigen Schattierungen depressiver Affekte fällt die Nähe auch zu einer Reihe anderer Affektkomplexe auf. Hierunter sind vor allem profunde Ängste, Scham, Schuld, Bestrafungsgefühl, aber auch aggressive Gereiztheit möglich. Zentral ist auch ein herabgesetztes Selbstwertgefühl. Der Verlust hedonistischer Gefühle mit Freude- und Interesselosigkeit ist typisch. Aus den erschreckend wahrgenommenen Veränderungen des Gefühlslebens resultiert nicht selten eine Entfremdung, die Selbst- und Umwelterfahrung bestimmt (Depersonalisation und Derealisation). In einer extremen Ausprägung dominiert ein Gefühl der Gefühllosigkeit.
- Die *kognitiven* Symptome gehen Hand in Hand mit dieser depressiven Verstimmung. In formaler Hinsicht liegt oft eine Hemmung, eine Verlangsamung der inneren Denkprozesse vor. Die Konzentration auf komplexe intellektuelle Leistungen gelingt nur schwer, der Zugang zu phantasievoller Assoziativität ist verstellt. Denkmuster erscheinen arg schematisiert nach einem rigiden „Entweder-oder" und sind der Vielschichtigkeit zahlreicher Problemstellungen im Alltag nicht angemessen. Ein Verlust der kognitiven Flexibilität, eine allen-

falls schwerfällige, wenn nicht völlig fehlende Relativierung durch neue Informationen bewirkt eine typische Einengung auf wenige zentrale Inhalte, die in quälenden Endlosschleifen ein negatives Grübeln kennzeichnen. Die bewertende Sicht auf die eigene Person, die Umwelt, die persönliche Zukunft ist einseitig negativ („negative Trias"). Auch das Erinnerungsvermögen scheint nur im Hinblick auf schmerzliche, enttäuschende, traumatisierende, verzweifelte Aspekte von sich und den Partnern des Lebens zu funktionieren, in vielen Fällen übersteigert, kaum relativierbar durch objektive Gegenbeispiele. Sowohl dem aktuellen Erleben als auch dem Erinnerungsvermögen scheint eine reife Ambivalenztoleranz in den Selbst- und Objektbildern abhanden gekommen zu sein. Es dominieren als existentielle Grundthemen Schuld, Sünde, Verarmung, Hypochondrie, Tod, Nihilismus, die in ihrer extremen Ausprägung zu synthymen Wahninhalten der Depression werden können. Die Gewissheit der Unveränderlichkeit des aktuell erlebten Zustands begründet häufig eine Hoffnungslosigkeit, eine verzweifelte Selbstaufgabe und bedingt ein hohes Suizidrisiko.

• Auch in den Veränderungen des *Körpers* spiegelt sich der im Wesentlichen monolithische Prozess der Depression. Gestik und Habitus drücken die Niederstimmung des Gefühlslebens unmittelbar aus, der Antrieb ist reduziert, die psychomotorische Ausdrucksvielfalt eingeengt, gebremst, im Stupor erstarrt. Nicht selten wird aber diese Ausdruckslosigkeit und Erstarrung gegenüber der Umwelt von einer inneren Unruhe und Agitiertheit konterkariert. Zahlreiche vegetative Funktionen von Schlaf, Appetit und Sexualität sind gestört. Die Vitalität ist erschöpft, von einer alles bestimmenden Müdigkeit verdeckt. Vielfältige Dysästhesien, leibliche Missempfindungen und lokalisierte Schmerzen werden beklagt. Die affektive, kognitive und körperliche Erfahrung einer Depression bewirkt einen allfälligen Rückzug aus der Kommunität der mitmenschlichen Kontakte und hemmt die Fähigkeit zur interpersonalen Kommunikation.

Welche allgemeinen psychodynamischen Charakteristika depressiven Erlebens und Verhaltens, die der klinisch-phänomenologischen Sichtweise eine zusätzliche Verständnisfolie anbieten, können nun hervorgehoben werden?

• Der Verlust einer wichtigen persönlichen Beziehung, aber auch von geschätzten körperlichen Attributen und Gesundheit, von Fertigkei-

ten, Werten, Idealen und Zielen, von Heimat, Beruf und Besitz beschreibt ein „äußeres Verlusterlebnis", das gleichzeitig zu einem „inneren Konflikt" führt.

- Der „Objektverlust" stellt wesentlich eine Bedrohung des Selbst, einen „Selbstverlust" dar, insofern das Selbst auf das Objekt für seine
innere Sicherheit und seinen Selbstwert grundlegend angewiesen ist.
Zu eben diesem Objekt besteht aber eine große gefühlsmäßige Ambivalenz. Nach dem Objektverlust dominieren einerseits Gefühle der
Verlassenheit und Verlorenheit, des Getroffen- und verletzt Seins,
andererseits sind aber auch passive Wünsche nach Umsorgung oder
verzweifelte Anklammerung spürbar, es werden Vorwürfe und Hass
angedeutet. Gerade letztere aggressive Affekte sind höchst konflikt-
trächtig, da ihre Anerkennung ein unbewusstes Eingeständnis wäre,
die eigene Aggression habe das Objekt vernichtet. Das Objekt kann
so in einer Trauerarbeit letztlich nicht aufgegeben werden. Stattdes-
sen muss es idealisiert, die ursprüngliche objektbezogene Aggression
aber gegen das eigene Selbst gekehrt werden, das mit Aspekten des
Objekts identifiziert ist.
- Im weiteren Fortgang treten an die Stelle von objektbezogenen Wün-
schen und Gefühlen zunehmend stärker auf das Selbst konzentrierte
Emotionen. Dies spielt sich bei einem äußeren Rückzugsverhalten
weitgehend auf einer inneren Bühne ab. Bei einem allgemeinen
Interesseverlust, fehlenden außengerichteten Appetenzen kommt es
zu einer Regression, in der frühe anale und orale Triebmodi aktiviert
werden, in der Phantasie assoziierte enttäuschende, kränkende,
schuldhaft erlebte, traumatische Erfahrungen aus der frühen Bezie-
hungswelt stereotyp durchwälzt werden müssen.
- Das Selbstgefühl wird in seinen differenzierten Funktions- und Re-
gulationsmöglichkeiten zunehmend labilisiert, die Ich-Funktionen
verstärkt dysfunktional.
- Eine selbstquälerische depressive Verstimmung als Ausdruck einer
Über-Ich-gesteuerten Selbstbestrafung, ein herabgesetztes Selbstwertgefühl als Ausdruck eines verfehlten idealen Selbstanspruchs
üben einen grundlegenden Einfluss auf die Eigenschaften auch anderer Affekte, auf Gedanken, Erinnerungen und Handlungen aus.
Das initiale (reale oder phantasierte) Verlusterlebnis stößt letztlich
einen intrapsychischen Circulus vitiosus an, der über eine Hilflosigkeit schließlich in eine Hoffnungslosigkeit und Verzweiflung ein-
mündet.

- Selbst in einer psychodynamischen Sicht darf nicht vergessen werden, dass in dieser depressiven Regression auch der Körper in seinen mannigfaltigen Befindlichkeiten, vegetativen Funktionen, seiner Vitalität und Spannungskraft, seinem Antrieb fundamental betroffen ist. In einer Extremform dominieren diffuse körperliche Schmerzen, ein agitiertes leibliches Missbefinden einerseits, oder aber generelle Gefühllosigkeit, emotionale Betäubung, ja das beherrschende Gefühl, schon tot zu sein andererseits.

- Die originäre Konzeptualisierung S. Freuds zur Psychodynamik depressiven Erlebens mit dem Verlust eines hoch ambivalenten Objekts, dem hieraus resultierenden Selbstverlust, der verdrängten/verleugneten Aggression auf das verlorene Objekt, der erhöhten Über-Ich-Kritik gegenüber dem Selbst, den selbstdestruktiven Impulsen und Handlungen beschreibt nur ein, nämlich das *triebpsychologische Modell*. Diese triebpsychologische Ebene einer ungelösten Aggressionsproblematik mit den zentralen Affekterfahrungen von Neid, Gier, Enttäuschungswut und vorwürflicher Anklammerungstendenz kann durch andere psychodynamisch-konzeptuelle Ebenen noch wesentlich erweitert werden.

- *Ein Modell der Objektbeziehungen* betont die unverzichtbare Angewiesenheit auf die Realpräsenz eines guten Objekts und unterstreicht die zentralen Themen von Abhängigkeit und Trennung, der hohen Ambivalenz in der Objektwahrnehmung. Diese darf in einer Bezugsperson entweder nur „idealisiert-liebevolle" oder nur „bestrafend-feindselige" Aspekte registrieren.

- Ein *ichpsychologisches Modell* wiederum hebt die schwache Eigenidentität eines depressiven Menschen bei seiner übermäßigen Außenorientierung hervor, seine unterentwickelten konstruktiven Ich-Fertigkeiten, seine erlernte Hilflosigkeit bei realen Entfaltungschancen, seine Anfälligkeit gegenüber Schuld- und Versagensgefühlen bei rigiden Ansprüchen der Gewissensstruktur und überzogenen persönlichen Idealen.

- Und in einem *selbstpsychologischen Modell* stehen unvermittelt nebeneinander unrealistische Größenvorstellungen und ebenso unrealistische Gefühle der Ohnmacht. Sie kennzeichnen Grundbedingungen eines höchst fragilen Selbstwerterlebens, das auf bewundernde oder idealisierbare Bezugspersonen unbedingt angewiesen ist. Es besteht das hohe Risiko zur raschen Desillusionierung.

Als grundlegende *psychodynamische Hauptkomplexe der schweren Depression* können also vor allem *Abhängigkeit, mangelnde Identität, selbstgerichtete Aggressivität, gestörte Idealbildung und traumatische Erschütterung* benannt werden. Diese einzelnen Modelle zur Entstehung und Auslösung depressiver Störungen bieten eine fruchtbare Möglichkeit zur psychodynamischen Ordnung der klinisch-phänomenologischen Vielfalt depressiver Störungen. Es lassen sich so zentrale Emotionen in unterschiedlichen depressiven Zuständen prägnanztypisch beschreiben, die auch das Motto von „Klage, Jammern, Anklage" je differentiell beleuchten.

- Patienten mit einer *Schulddepression* leiden unter heftigen Gewissensbissen. Sie klagen sich an und erniedrigen sich. Ihre Über-Ich-gesteuerten Selbstvorwürfe tragen oft zerstörenden und verfolgenden Charakter. Ein zentrales Leitmotiv ihrer depressiven Phänomenologie könnte lauten: *„Ich habe jemanden etwas Böses angetan, ich bin schlecht".*
- Patienten mit einer *Abhängigkeitsdepression* vermitteln eine ängstliche Sehnsucht, eine fordernde Enttäuschung, eine Wut und Gier. Sie klammern sich an und beklagen ihre Verlassenheit. Ihr zentrales Leitmotiv lautet etwa: *„Ich brauche unbedingt Liebe, Trost und Unterstützung, aber ich bekomme nichts oder zu wenig".*
- Patienten mit einer *Hilflosigkeitsdepression* fühlen sich hilflos, erschöpft, entleert, sind verzweifelt und hoffnungslos, haben sich aufgegeben. Ihre Klage, aber auch ihr Mut zur Anklage ist verstummt. Ihr zentrales Leitmotiv lautet: *„Ich kann nicht (mehr), es ist alles zu spät".*
- Bei Patienten mit einer *narzisstischen Depression* imponieren als zentrale Emotionen Scham und Erniedrigung, die von Selbstverachtung und Selbsterniedrigung begleitet sind. Sie signalisieren im Kontakt eine Leere und Beziehungslosigkeit. Zugrunde liegt oft aber eine verdeckte arrogante Ansprüchlichkeit, nicht selten eine Verachtung und Entwertung jener Personen, auf deren bewundernden Zuspruch sie unbedingt angewiesen sind. Das zentrale Leitmotiv bei ihnen lautet oberflächlich: *„Ich bin nichts wert, ich bin ein Versager".*

Erscheinen in diesen klinisch-dynamischen Typologien vor allem die differenziellen Aspekte der depressiven Konfliktgestaltung, so ist es selbstverständlich auch bedeutsam, die besonderen, in der lebensgeschichtlichen Entwicklung erworbenen Stile der Auseinandersetzung, des Umgangs mit dem depressiven Grundkonflikt eigenständig zu betrachten.

- Personen beispielsweise, die ihren depressiven Grundkonflikt vor allem in den Dimensionen der Verlassenheit und des Alleinseins, eines enttäuschten zu kurz Gekommenseins und einer ängstlichen Selbstunsicherheit erlebten, haben durch eine frühe Übernahme von Verpflichtung und Verantwortung, durch Überfürsorglichkeit gegenüber anderen, durch Selbstverleugnung, Überangepasstheit, Unterordnung und Aggressionshemmung kompensatorische Bewältungsmuster erlernt. Eigene Hilfsbedürftigkeit muss in einer solchen *altruistisch-masochistischen* Verarbeitungsform stark abgewehrt werden. Melden sich triebhafte oder affektive Bedürfnisse, so stoßen sie leicht Schuldgefühle an, da sie als „egoistisch" gelten. Individuationsbedürfnisse sind von besonderer Konfliktträchtigkeit, da sie als objektgerichtete aggressive Handlungen gewertet werden müssen und emotional enge Objektbeziehungen bedrohen können. Auch stellen diese gefährlichen Wünsche eine langjährig etablierte, einseitige Form der Selbstidentitäts- und Selbstwertsicherung eben durch Selbstverleugnung völlig in Frage. Klagen gilt diesen Menschen als verpönt, Anklage erscheint ihnen als gefährlich.
- Personen mit einer *narzisstischen Verarbeitungsform* neigen zur Leugnung ihres depressiven Grundkonflikts. Sie dürfen sich ihre orale Bedürftigkeit nicht eingestehen. Andererseits wird ihre behauptete Nichtangewiesenheit auf andere Objekte von starken Selbstzweifeln und hoher Kränkbarkeit begleitet. Ihre typischen Bewältigungsmuster beinhalten eine Überbetonung von Ansehen, Geltung und Leistung, von körperlicher Erscheinung und Attraktivität. Sie legen großen Wert auf Wissen, Macht und Kontrolle und umgeben sich mit einer Aura von Grandiosität und Exklusivität. Sie erwarten von anderen eine unbedingte und uneingeschränkte Bewunderung ihrer Person. Gleichzeitig schaffen sie durch habituelles Entwerten und Kritisieren eine Distanz zu ihren Mitmenschen. Ihre klinisch-phänomenologische Depressivität ist vorrangig durch eine außengerichtete, dysphorische oder wütende Schuldzuweisung einerseits, durch starke Selbstzweifel und hypochondrische Skrupel andererseits gekennzeichnet. Sie sind also vertraut mit dem Stil der außengerichteten Anklage, ihr Klagen betrifft vor allem den Verlust ihrer grandiosen Selbstsicherheit, zentriert sich auf den verwundet, gefährdet erlebten Körper. Jammern und Selbstmitleid ist ihnen häufig zu eigen.

• Bei einer betont *schizoiden Verarbeitungsform* wird das gute Objekt als letztlich unerreichbar erlebt. Da es in einer unbewussten Sehnsucht aber weiterhin die Attribute von emotionaler Nähe, Versorgung, Sicherheit, Wohlbefinden, Vertrauen, Tröstung, Zuversicht, Optimismus und Wertschätzung innehat, wird es zu einem höchst gefährlichen, auch negativ besetzten Objekt. Es muss als bedrohlich gefürchtet werden. Rückzug und Distanzierung, Vermeidung und Misstrauen in interpersonalen Kontakten scheinen zu einem obersten Gebot in der Verhaltensregulierung geworden zu sein. In typischen depressiven Versuchungssituationen überrascht die akute Symptombildung mit prononcierten Entfremdungserlebnissen, sensitiven Beziehungssetzungen und Angstanfällen bei Selbstbedrohung nicht. Es sind oft verdeckte, projizierte, ins Paranoide gewendete Klagen und Anklagen, die bei ihnen imponieren können.

• Bei anderen, zu Depressivität neigenden Personen liegt der depressive Grundkonflikt wiederum mehr oder weniger unverstellt vor. Ein durchdringendes dysphorisch-vorwürfliches Gefühl, ungeliebt, unversorgt, verlassen, unerwünscht zu sein, fällt bei ihnen auf. Aktive Bewältigungsmuster haben sie in ihrer Entwicklung, die oft traumatisch unterbrochen ist, kaum entfalten können. Vielmehr zeigen sie ein primitives Verlangen nach Fütterung, Tröstung und Beruhigung in symbiotischen Überlebensbeziehungen. Regelhaft sind sie unreif, infantil abhängig, zeigen einen nur geringen Befriedigungsaufschub ihrer Bedürfnisse und eine erheblich reduzierte Affektkontrolle. Individuen mit einer solchen *oral-regressiven Verarbeitung* des depressiven Grundkonflikts weisen psychodynamisch häufig die Merkmale einer Borderline-Persönlichkeitsorganisation auf. Sie verlieren nicht selten die Beherrschung und neigen impulsiv dazu, ihre enttäuschend, versagend erlebten Partner zu attackieren und auch körperlich zu verletzen. Und wiederum wenden sie sich ebenso leicht gegen ihren eigenen Körper, den sie entfremdet, objektiviert, viktimisiert erleben, sie schneiden, entstellen und malträtieren ihn und damit sich. Man könnte sagen, dass ihr Modus von Klage und Anklage sehr viel ungesteuerter, primitiver, auf unmittelbare Handlung drängend und körperbezogen ist.

Es besteht heute weitgehender Konsens darüber, dass die Schwere einer depressiven Erkrankung, also auch die implizit beibehaltene Unterscheidung einer „endogenen" (d. h. psychotischen) von einer „neurotischen" Depression, sehr stark auch von einer neurobiologischen Vulnerabilität, einer genetischen Disposition abhängt. Im Hinblick auf die nosologische Differenzierung einzelner depressiver Störungen, die wesentlich nach Merkmalen der deskriptiven Psychopathologie und Verlaufsbeobachtung erfolgt, wird zwar eine vielschichtige, aber keineswegs eine je einer diagnostischen Subgruppe spezifisch zugehörige Psychodynamik angenommen. Auch wenn für sogenannte „neurotische" und „endogene" Depressionen unter Umständen ganz analoge psychodynamische Konflikte in der Auslösesituation diskutiert werden können, erübrigt sich hierdurch keineswegs, nach differenziellen strukturellen Voraussetzungen zu fragen. Als Aspekte möchte ich nur herausheben:

• Das Ausmaß und die Form der Identifikation mit dem verlorenen ambivalenten Objekt im Verlauf der depressiven Regression
• sowie die Strukturhöhe der ableitbaren sonstigen Abwehrmechanismen.

Ist eine Person für den Erhalt von Sicherheit, Wohlbefinden, Vitalität und Selbstwert des Subjekts überlebensnotwendig, besteht also ein starkes Abhängigkeitsverhältnis, dann bedeutet ein möglicher oder realer Objektverlust in der Tat die Gefahr eines totalen Selbstverlustes. Es gibt also das Ausmaß der Identifikation zwischen Selbst und Objekt, d. h. die in der depressiven Regression bewerkstelligte Verschmelzung von idealisierten Objektbildern mit Ich-Ideal-/Über-Ich-Anteilen des Selbst bzw. die Identifikation des Ich mit den enttäuschenden Objektanteilen einen wichtigen Hinweis auf das „Psychotische" dieser depressiven Verarbeitung:

• Es ist der Selbstverlust nach einem Objektverlust,
• es ist die Fusion von Subjekt-Objekt-Bildern, die nach idealisiert-kontrollierend-bestrafenden Aspekten einerseits, nach entwertet-kritisiert-bestraften Aspekten andererseits zusammen mit typischen Affekten aufgespalten sind,
• es ist die introjektive, die nach innen gewendete Erledigung von Affekten der Enttäuschungswut und des Hasses, die ursprünglich dem ambivalenten Objekt gegolten haben,
• es sind diese Aspekte, die einen psychotischen Modus der Introjektion-Identifikation beschreiben.
• d. h. identifikatorische Prozesse führen hier zu einer grundlegenden

Umgestaltung der Selbstorganisation durch die Hereinnahme von nicht-assimilierten Objektmerkmalen.

• Wenngleich traditionell in psychoanalytischen Modellvorstellungen betont wird, dass vor allem die konflikthafte Spannung zwischen Über-Ich und Ich den psychodynamischen Motor in der Depression darstelle, die intrapsychischen Strukturen als solche aber Bestand hätten, muss diese Einschätzung präzisiert werden.

• Zwar verbleiben sowohl die perzeptiven, affektiv-kognitiven und exekutiven Funktionen sowie die moralisierend-evaluativen Funktionen der Gewissensstruktur meist innerhalb einer Selbstorganisation. Nur in seltenen Fällen werden Anteile des Über-Ich als anklagende oder entwertende Halluzinationen oder aber als wahnhafte Bestrafungsagenturen bei der im engeren Sinne psychotischen Depression in die Außenwelt projiziert.

• Der Schweizer Psychiater Scharfetter (2002) verdeutlicht uns aber, dass im Rahmen einer schweren Depression an der tiefsten Stelle der Regressionsbewegung eine Auslöschung der „Ich-Selbsterfahrung" möglich ist. Diese artikuliert sich im nihilistischen Wahn, der sowohl synthym als End- oder Nullpunkt eines vollständigen Verlustes von Ich-Kohärenz und Ich-Vitalität verstanden werden kann, aber auch gleichzeitig den Umschlagpunkt zu einer katathymen Gewissheit vom Ende der Welt an sich bildet. Dieser psychodynamische Kipppunkt ist ohne die Annahme einer aufgehobenen Grenze zwischen Selbst und Umwelt nicht zu verstehen. Er unterscheidet sich m.E. nur graduell von analogen restitutiven Wahnkonstruktionen Schizophrener nach einer überlebten psychotischen Apokalypse nunmehr als „Untote". Die synthyme Konstruktion des nihilistischen Wahns ermöglicht zweierlei:

  – Einerseits beendet er das Voranschreiten der depressiven Regression in eine unabwendbar scheinende Selbstfragmentierung. In der Nullbewegung kann auch das Erleben überhaupt, also auch das Fühlen von Schmerz zum Stillstand kommen. Und in der jetzt vollziehbaren Gleichsetzung von Selbst und Umwelt wird so etwas wie negative Gemeinsamkeit möglich.

  – Andererseits bildet der Wahn auf unverwechselbar korrekte Weise den selbstdestruktiven Erlebniszustand der schweren Depression in einer konstruktiven Form ab. Dieser ist von einem wie auch immer noch existenten „Restselbst" des psychotisch depressiven Menschen beobachtbar und sprachlich artikulierbar. Und gerade in dieser sprachlichen Mitteilung wendet er sich an eine mitfühlende Umwelt. Klage und Anklage, obwohl beide essentiell am Werdegang beteiligt waren, sind meist an diesem Endpunkt der depressiven Bewegung verstummt. Jede Form verstummten Leidens eines anderen erfordert Mitgefühl, Mitleid. Dies setzt voraus, dass der begegnende Gegenüber die Bilder des Entsetzens sieht – wir kennen sie alle aus unserer täglichen Zeitungslektüre und den visuellen Fernsehinformationen – wenn Sie mir gestatten, kurz die klinische Ebene zu verlassen – dass er diese Bilder also in sich aufnimmt, sich von ihnen affizieren lässt, und Ihnen eine Stimme verleiht. Die kann durchaus auch die Dimension der gezielten, der argumentativen Anklage, des sozialen Protestes annehmen. Robert Jay Lifton, der amerikanische Psychiater und Psychoanalytiker, hat auf diese aktivierende Dimension, auf diese humanistische Grundposition in der Auseinandersetzung mit depressiven Einengungen, betäubenden Schuldgefühlen und selbstdestruktiven Wutaffekten eindringlich hingewiesen.

• Es schließen sich mit Lifton an diese Betrachtungen u.a. über die Depression grundlegendere anthropologische, soziokulturelle und auch moralisch-ethische Fragen an. Menschen zeichnet aus, dass sie ihre Welt in Symbolen gestalten und erfahren. Mit dieser Fähigkeit zur Symbolisierung gehen Bilder und Gefühle von Vitalität, von Lebendigkeit einher. Diese Bilder und Gefühle bejahen und fördern Leben, sie dokumentieren Verantwortlichkeit für Leben. In psychischen Störungen generell ist diese Symbolisierungsfähigkeit empfindlich getroffen, die assoziierten Bilder und Gefühle von Vitalität werden beschädigt. Auf der unmittelbaren Ebene des betroffenen Individuums haben diese Beschädigungen mit Trennung, mit Desintegration und Stillstand zu tun, auf einer Ebene jenseits des Individuums mit einer umfassenderen Diskontinuität, mit einer Abwesenheit kollektiv verbindlicher Bilder, Metaphern und Symbolen mit Bedeutung und Sinn sowohl für das individuelle, als auch das soziale Leben in einer Gesellschaft. Lifton betont in seinem Buch „The broken connection" – „Über den Tod und die Kontinuität des Lebens" ein wesentlich traumatisches Paradigma von psychischer Störung allgemein. Es sind die grundlegenden Formen von Einengung des seelischen Erlebens einerseits, der Betäubung seelischer Funktionsweisen andererseits. Dies ist auch bestimmend für die Depression. Einengung und Betäubung nennt Lifton „mimetischen Tod", d. h. sie verweisen auf eine innere

Beziehung zum Tod, sind Todesäquivalente. Diese Sicht fordert von uns, unsere menschliche Existenz letztlich auch in dem von uns je gewählten Verhältnis zur Gewissheit der eigenen Endlichkeit, zur Gewissheit des Todes zu bestimmen und unsere Antworten hierauf zu finden.

• Diese Perspektive fokussiert klinisch auf ein zentrales Merkmal von nicht integrierter traumatischer Erfahrung, nämlich den Wiederholungszwang, traumatische Erfahrung wieder und wieder unwillkürlich zu erleben, bis man ganz unempfindlich, seelisch tot geworden ist, selbst den physischen Tod plötzlich erleidet oder auf Raten bewirkt, oder aber die Wendung ins Aktive versucht, die traumatologisch eine willkürliche Tendenz meint, andere zu schädigen, zu misshandeln, zu quälen, zu töten. In ihren moralischen Konsequenzen wird diese Wendung ins Aktive nicht mehr beurteilt, weil das sittliche Empfinden selbst abgestumpft, die moralische Reflexionsfähigkeit abgetötet worden ist. Sowohl in den klinischen Erscheinungsformen, sei es in Depression, psychotischer Dekompensation, psychosomatischer Krise oder posttraumatischem Syndrom, als auch in den zahllosen soziokulturellen und gesellschaftlichen Phänomenen des Todes, sei es in Terrorismus, Krieg, Genozid, Umweltzerstörung, sei es in Gewalt und Missbrauch jedweder Art, werden wir aufgerufen, eine Antwort zu finden. Diese kann nicht mehr auf einer bloß klinischen Ebene verweilen, sondern fordert auch eine spirituelle, eine, wenn möglich, religiöse Ausrichtung.

Romano Guardini beginnt seine Betrachtung „Vom Sinn der Schwermut", verfasst 1928, mit dem Satz: „Die Schwermut ist etwas zu Schmerzliches, und sie reicht zu tief in die Wurzeln unseres Daseins hinab, als dass wir sie den Psychiatern überlassen dürfen".

Ich kann Guardini hier nur beipflichten. In einem beeindruckenden Portrait zeichnet er die oft verzweifelte Gottessuche Sören Kierkegaards nach, wie sie vor allem in dessen Tagebüchern so unmittelbar zum Ausdruck kommt. Kierkegaard hat im Laufe seines Lebens sicherlich wiederholte Phasen einer schweren Melancholie durchlitten – und hier wage ich zu behaupten, er würde heute von einer psychiatrischen Behandlung hierin wohl Linderung erfahren können. Aber Guardini zielt in seiner Analyse auf die viel grundlegendere Tendenz in der Persönlichkeit Kierkegaards, auf seine charakterologische Schwermut. Diese erweist sich als eine besondere Verletzlichkeit, die vereinzelt, aus der zwischenmenschlichen Bezogenheit ausschließt. Sie ist aber auch durch eine besondere Sensibilität ausgezeichnet, eine verwundbare Offenheit für das Leiden in der Welt, für die Erbarmungslosigkeit des Daseins, dessen umfassende Begründung Kierkegaard für sich und stellvertretend für die Menschheit vor einem barmherzigen Gott verzweifelt sucht. Guardini identifiziert in dieser Schwermut Kierkegaards etwas, „in welchem der kritische Punkt unserer menschlichen Situation überhaupt deutlich wird". Und er sieht mit Kierkegaard den „Sinn des Menschen, lebendige Grenze zu sein, und dieses Leben der Grenze auf sich zu nehmen und zu durchdringen." Es besteht „ein Bruch nach beiden Seiten hin. Sein Weg in die Natur gebrochen dadurch, dass er unter der Verantwortung Gottes steht. Sein Weg zu Gott gebrochen dadurch, dass er nur Geschöpf ist. Erst im Kreuz Christi liegt die Lösung für die Not der Schwermut".

Bei diesen Worten Guardinis fühle ich mich wieder an die Weisheit von Kohelet erinnert. Interessant erscheint, dass Guardini in der Würdigung der Schwermut Kierkegaards gerade Nietzsche, gewissermaßen einen entfremdeten Zwilling Kierkegaards, ein oppositionelles alter ego zitiert:

„… aus solchem Erleben heraus hat Nietzsche den Geist der Schwere als den Dämon schlechthin bezeichnet. Daraus ist das Sehnsuchtsbild jenes Menschen entstanden, der tanzen kann".

Was bei Kohelet noch selbstverständliche Pole in einem verlässlichen Lebensrhythmus vor Gott sind, Klage und Tanz, Freude und Schmerz, sind im Dasein des modernen Menschen oft traumatisch auseinander gerissen. Diese Ruptur im Leben, dieses Hereindrängen einer Dominanz des Todes im Verständnis Liftons verlangt Antworten, die nicht mehr selbstverständliche, verbindliche Voraussetzung der Lebensführung sind. Hier religiös glauben zu können, ist eine wertvolle existentielle Begabung, vielleicht ein gangbarer spiritueller Weg, der aber in der Perspektive von Moderne und Postmoderne genauso eine individuelle Begründung einfordert, wie sie von jenem verlangt wird, der nicht glauben kann. Auch letzterer wird, allerdings unter erschwerteren Bedingungen die ethischen Prinzipien seines Handelns darlegen und begründen müssen.

Psychiater können in ihrem professionellen Wissen und Handeln vermutlich wenig zur Lösung dieses spirituellen Dilemmas beitragen. Hier sind sie auf theologische Führung angewiesen. Sie schaffen es entweder zu glauben, oder aber auch nicht. In beiden Fällen könnten sie von einem theologischen Beistand profitieren. Was sie aber durchaus in ein konstruktives Zwiegespräch eigenständig einbringen können, ja müssen, ist der Hinweis, dass Glauben sich stets in inneren Bildern und Symbolen des Glaubenden von Gott vollzieht, Bilder und Symbole, die in ihm wirken, auch sein Handeln entscheidend bestimmen können. Diese verweisen zwar auf eine aufgenommene göttliche Offenbarung in den Heiligen Schriften, aber der Glaube daran, stützt sich immer auf je eigentümliche, keineswegs deckungsgleiche Konstruktionen von Gott durch den Gläubigen, sei es der Gott Kohelets, der von Jeremias und Hiob, oder aber der Gott von Jesus. Und nur konsequent wären auch die impliziten Bilder und Symbole von Gott in anderen Religionen in ihrer motivationalen Kraft psychologisch zu studieren.

Sehen Sie bitte keine Anmaßung, wenn ich hier abschließend die Worte von Romano Guardini paraphrasieren möchte:
„Die individuellen Bilder von Gott sind etwas zu Mächtiges, und sie reichen zu tief in die Gründe unseres Handelns hinab, als dass wir sie wiederum allein den Theologen überlassen dürfen".

Literatur

1. Freud S.: Trauer und Melancholie. G. W. X, Fischer, Frankfurt am Main 1917.
2. Guardini R: Vom Sinn der Schwermut. Matthias-Grünewald Verlag, Mainz 1983.
3. Kapfhammer H. P.: Zur Phänomenologie psychotischer Zustände. In: Schwartz F., Tabbert-Haugg C., Wendl-Kempmann G., Hering W., Kapfhammer H. P.: Psychodynamik und Psychotherapie der Psychosen. Kohlhammer, Stuttgart 19–50, 2006.
4. Lifton R. J.: The broken connection. On death and the continuity of life.American Psychiatric Press, Washington, London 1979.
5. Pascal B.: Gedanken. Über die Religion und andere Themen. Reclam, Ditzingen 2004.
6. Rose H. J.: Griechische Mythologie. Ein Handbuch. Beck, München 2003.
7. Scharfetter C.: Die Ich-Selbsterfahrung in den Affektkrankheiten und schizoaffektiven Psychosen. In: Böker H., Hell D. (Hrsg.): Therapie affektiver Störungen. Schattauer, Stuttgart 36–44, 2002.
8. Spitz R.: Anaclitic depression: An inquiry into the genesis of psychiatric conditions in early childhood. Psa Std Child 2: 313–342, 1946.

Roland Kuhn

Klagen und Trösten

Es gibt verschiedene Wege, nicht nur eigenes und fremdes Erleben und Erleiden zu thematisieren, sondern auch zu zeigen, wie man diese Situation meistern kann. Das bedeutet, mit dem Substantiv „*Klage*" auch das dazugehörige Verb „*klagen*" an den Beginn der Überlegungen zu stellen. Später wird unser Thema weiter modifiziert: Im Verlauf unseres Textes wird ein Gegengewicht mitspielen, das sich als „*trösten*" anmeldet.

Sprachgeschichtlich sind die deutschen Worte Klage und klagen sehr alt. Sie sind Ursprung und Stamm vielgestaltiger Verzweigungen, die in ein mannigfaltiges Feld benachbarter Bedeutungen führen, und gehen auf die indogermanische Wurzel „gal-" zurück, die „rufen, schreien" bedeutet und die auch dem Wort „klingen" zugrunde liegt. Das Wort drückt Schmerz oder Trauer wie auch Jammer aus, wobei jeweils das Verb vom entsprechenden Substantiv abgeleitet ist. Das zeigen sehr ausführliche Artikel des *Grimmschen Wörterbuches* der deutschen Sprache.

Die mit den Worten Klage und klagen gemeinten Phänomene sind jedoch schon aus viel früherer Zeit überliefert. Sie finden sich als „*Klagelieder*" im *Alten Testament*, stammen jedoch nicht, wie man etwa hört, von dem Propheten Jeremia, sondern aus verschiedenen volkssprachlichen Quellen ohne bekannte Dichternamen. Viele Psalmen sind ebenfalls Ausdruck von Klage.

Mit dem Wort „Klagelied" ist ein Zusammenhang von *Sprechen* und *Musik* genannt. Das ist ein Thema von grundsätzlicher und wesentlicher Bedeutung! Wir werden vor dem Abschluss unseres Textes darauf zurückkommen.

Aus dem Sagenkreis des *klassischen Altertums* sind die Klagen der *Elektra* von Sophokles ein eindrückliches Beispiel. Cicero und Seneca haben als aus Rom Verbannte viel geklagt.

Im *Mittelalter* des 13. Jahrhunderts erscheint das Klagelied in der Dichtung in Zusammenhang mit Sagenstoffen der Nibelungen.

Klage und klagen sind Ausdruck wesentlicher Gefährdungen, denen der Mensch in der Welt ausgesetzt ist. Dazu gehören leibliche und see-

lische Beschädigungen und Krankheiten. Ihre wissenschaftliche Er-
schließung begann um die Mitte des 19. Jahrhunderts mit der Idee von
Wilhelm Griesinger. Er meinte, es gebe nur eine psychische Krankheit,
die Einheitspsychose. Diese beginne meist mit einer depressiven Ge-
hemmtheit, die symptomlos ausheilen könne, oder aber sie setzte sich
fort in Zustände der Erregung mit Halluzinationen und sie könne über
eine Verblödung zum Tod führen. Diese Auffassung wurde in der Folge modifiziert, die Depression verlor ihre beherrschende Stellung, es
bildeten sich eigentliche Krankheitseinheiten heraus und der einzelne
Kranke kam kaum mehr zur Geltung. Griesingers Idee war es, in einem
zweiten Entwurf diesen einzubeziehen. Er ist aber, bevor er diese Absicht verwirklichen konnte, erst 57jährig an einer Wunddiphtherie gestorben, und so konnte er die Psychiatrie nicht vom einzelnen Kranken
her gesehen entfalten.

Die Nachfolger, vor allem auch die beiden großen Psychopathologen
und Kliniker Eugen Bleuler und Emil Kraepelin, übernahmen von
Griesinger wohl die psychopathologische Krankheitslehre, widmeten
sich jedoch nicht der von ihm geplanten Ergänzung durch Einbeziehen
des individuellen Kranken. Das geschah im Rahmen der *Psychotherapie*. Dazu gibt es eine grundsätzliche Stellungnahme aus dem Jahr
1928. Damals ist als neue wissenschaftliche Zeitschrift der „Nerven-
arzt„ erschienen. Sie begann mit dem Text des zu früh verstorbenen,
hochbegabten August Homburger: *Über die Gefahren der Überspannung des psychotherapeutischen Gedankens.*[1] Er weist auf die „dezen-
ten und schreienden Modeerscheinungen“ im Rahmen der sich stets im
Wandel begriffenen Auffassungen von Psychotherapie hin. Das hat sich
seither kaum verändert. Die von Homburger geahnten und befürchteten
Entwicklungen bis zu einer Verstaatlichung von Vorschriften über
psychotherapeutische Methoden haben sich seither leider verwirklicht.
Es sind heute staatliche Institutionen, die für die Ausbildung in Psychotherapie – von Homburgers Standpunkt aus betrachtet – überflüssige
Regelungen, Anforderungen und Bedingungen festlegen, denen sich
Therapeuten zu unterziehen haben. Homburgers Text sollte heute mehr
denn je an den Anfang jedes Psychotherapie-Unterrichts gestellt werden!

Im *psychiatrischen Denken* haben sich nach Griesinger *eigenartige
Veränderungen* abgespielt. Psychotherapeutische Aspekte treten in den
Vordergrund. In der Begegnung mit dem einzelnen Kranken ver-
schwindet dessen Depressivität mit ihrer somatischen und psychischen

Symptomatik und damit der Inhalt ihres Erlebens immer mehr in den
Hintergrund. Andere Symptome wie Zwänge, hysterische und hypochondrische Erscheinungen, Angstsymptomatik treten hervor, und
wenn sich somatische oder psychische Symptome depressiver Hemmung, Verlangsamung und Erschwerung von Fühlen, Denken und Ent-
schließen melden, werden sie als rein psychische Reaktionen aufge-
fasst und damit als nebensächliche Begleitumstände kaum beachtet.
Der individuelle Kranke mit seinem Leiden und Klagen wird nicht zum
Thema. Nicht das, was der Kranke als sein Leiden empfindet und worüber er sich vielleicht da und dort einmal beklagt, erweckt das Interesse des Arztes, sondern dieser ist von allem Anfang an darauf eingestellt,
die ganze Symptomatik gleichsam als seinen Feind zu betrachten, den
es zu bekämpfen gelte. Man geht auf eventuelle Klagen des Kranken
nicht ein und entspricht seinem Bedürfnis nach Trost nicht. Man ist
ganz auf das zukünftige Ziel eingestellt, dieses Leiden zu beheben. Der
Kranke fühlt sich dabei nicht als leidender Mensch angesprochen und
klagt nicht, da er im Arzt nicht den Mitmenschen antrifft, von dem er,
wenn nicht unmittelbare Heilung, doch Trost zu finden erwartet.

So setzt der Arzt sein psychotherapeutisches Bemühen fort. Dabei
bleibt die *depressive Komponente*, die Griesinger bei fast allen psychischen Krankheiten fand, unberührt. Häufig entsteht dann die *irrtüm-
liche Auffassung*, die sich einstellende Besserung oder gar Heilung des
Zustandes sei auf die ärztliche psychotherapeutische Arbeit zurückzu-
führen.

Während dergestalt in der üblichen *klinischen Psychopathologie* der
einzelne kranke Mensch im Hintergrund bleibt, erscheint er in der *phänomenologisch-daseinsanalytischen* Betrachtungsweise von Ludwig
Binswanger in seiner ganzen Individualität! Damit treten nun Menschen auf, die sich mit den Erfahrungen, welche die Erkrankung für sie
bringt, melden und auseinandersetzen, mit ihren Stimmungen und Ver-
stimmungen, ihrer Erschwerung von Denken und Handeln und in der
Beeinträchtigung ihrer Beziehung zu anderen Menschen. Der Kranke
wird nicht mehr als im Rahmen einer psychopathologischen Krank-
heitseinheit registriert, sondern als *sprechender Partner in einer mitmenschlichen Beziehung zum Arzt selbst* und kommt so *für sich zum
Wort*. Das ist, auf eine kurze Formel gebracht, was eine von den Werken Husslers und Heideggers geleitete Betrachtungsweise Ludwig
Binswanger als *Daseinsanalyse in die Seelenheilkunde* eingeführt hat.

Damit kann nun, was in einer allgemein üblichen Psychopathologie undenkbar bleibt, auch das Thema „klagen und Klage" in die Untersuchung und Darstellung einbezogen werden.

Das ist 1960 geschehen in einer Schrift von Ludwig Binswanger *Melancholie und Manie*[4]. Bereits in der ersten der verschiedenen Studien hat Binswanger wissenschaftsgeschichtlich gesehen einen entscheidenden Schritt von der üblichen psychopathologischen zur phänomenologisch-daseinsanalytischen Betrachtungsweise vollzogen. So findet sich das Wort „Klage" schon auf der ersten Seite (23) seiner Darstellung des Falls „Cécile Münch", deren Gatte bei einem Eisenbahnunglück sogleich gestorben ist, während sie selbst und ein Freund der Familie, der kurz vorher mit dem verunfallten Gatten den Platz gewechselt hatte, unverletzt blieben. Im Anschluss an das Trauma fiel die Frau in eine schwere Melancholie, weshalb sie fünf Monate später in die private Nervenheilanstalt der Familie Binswanger eingewiesen wurde. Nach vier weiteren Monaten konnte die Kranke die Klinik geheilt verlassen.

Binswanger befasst sich nun mit dem „melancholischen Selbstvorwurf der Kranken" (S. 24 und 26f.), der sich sprachlich meist in konditionaler Form ausdrückt: „Hätte ich doch den Ausflug nicht vorgeschlagen, dann lebte mein Mann noch." Binswanger analysiert die sprachliche Gestaltung des Vorwurfs. Er spricht von einer „Auflockerung der Fäden der intentionalen Aufbaumomente der zeitlichen Objektivität". Das heißt, die normale zeitliche Struktur der sprachlichen Beziehungen zum anderen Menschen ist gestört. Es fehlt die Gliederung in Vergangenheit, Gegenwart und Zukunft. Das Fortschreiten des Handelns in der Zeit fehlt, es kommt zu einem Treten an Ort, dem Aussprechen immer derselben Sätze; das führt zur Wiederholung leerer Möglichkeiten.

Was Binswanger bereits zur Analyse dieser Störung beigetragen hat, wurde von Henri Maldiney übernommen und weiterentwickelt gemäß einem Satz des Linguisten Gustave Guillaume, nämlich: „Die Sprache enthält zwei verschiedene und übereinander gestellte Strukturen"[5], die semiologische, das heißt bedeutungsmäßige und die psychologische. Maldiney fährt dann fort, für ihn handle es sich darum, die dem bedeutungsmäßigen System der Klage zugrunde liegende psychologische Struktur zu entdecken. In einem besonderen Teil seiner Arbeit „*Psychose et Présence*"[6] beschäftigt er sich ausdrücklich mit dem Problem der Klage. Diesseits einer Unterscheidung von gesund und krank werden darin *Grundprobleme menschlichen Daseins* erörtert. Maldiney be-

ginnt seine Analyse des Klagens mit folgenden Worten: „Der Ausdruck
der Klage besteht in einem Spiel von Wortformen, und dieses Spiel ist
ein Gang von Gegenwart zu Gegenwart." In Anlehnung an Binswanger
übernimmt er „zwei kanonische Formeln", nämlich: „Wenn ich die
Reise nicht vorgeschlagen hätte, wäre ich nicht da" und „Ach! Wenn
ich nur die Reise nicht vorgeschlagen hätte!" Zwischen den Ausrufen
„Da" und „Ach" ist alles abgeschlossen. Es handelt sich für ihn darum,
die dem bedeutungsmäßigen System der Klage *zugrund liegende
psychologische Struktur* zu entdecken. Maldiney führt nun eine einge-
hende linguistische Analyse durch, die umfassende Kenntnisse der Linguistik von Gustave Guillaume mit ihrer Terminologie voraussetzt und
auf besonderen Strukturen der französischen Sprache beruht, weshalb
sie in deutscher Sprache nur schwer wiederzugeben sind.

Ein ganz anderer Aspekt als die linguistischen Analysen der Klage er-
gibt sich aus der *Frage nach der Welt, in welche die Klage ruft* und an
die sie sich wendet. Wir wählen als Beispiel ein altes, im berndeutschen
Dialekt verfasstes Lied, das ins Schriftdeutsche übersetzt zwar seinen
poetischen Reiz verliert, die für uns wesentliche Aussage jedoch behält:

Ach, wie verkürzen sich unsere Tage!
Ach, wie die schöne Zeit entflieht!
Allen Felswänden möchte ich klagen,
Was mir schwer am Herzen liegt.
Ich und die Knaben
müssen hinab.[7]

Mit der Richtung des Klagens auf Felswände ist ein wichtiger Schritt
vollzogen, nämlich auf Glieder unseres In-der-Welt-seins, von denen
nicht erwartet werden kann, dass sie auf unseren Ruf antworten. Damit
entsteht eine Beziehung zu einem anderen Phänomen, nämlich dem
„Ansagen" eines Todesfalles in der Umgebung des Verstorbenen. Wenn
in meiner Jugendzeit (ich bin heute 92 Jahre alt) in Magglingen auf
dem Land jemand starb, dann musste ein Glied der Familie des Trau-
erhauses in die Umgebung gehen, um in allen nahen Häusern den To-
desfall „anzusagen". Das bezog sich jedoch auch auf den Stall, wo man
den Kühen die Nachricht überbringen musste. Falls der Verstorbene
Imker war, wurde sein Ableben sogar den Bienen „angesagt". Die Be-

ziehung dieses „Ansagens" mit den *Klagen* ist offensichtlich. Beide
Phänomene richten sich auf eine Struktur des In-der-Welt-seins, in wel-
cher neben Menschen Tiere und sogar Felswände als Strukturen der un-
belebten Natur „angesprochen" werden. Klagen und Ansagen sind so
analoge Äußerungen, die nach keiner unmittelbaren Antwort rufen.

Anders ist es mit dem *Trösten*. Das Wort hat eine bedeutsame Ety-
mologie. Aus germanisch trau-sta und indogermanisch drou-sto, verwandt mit „trauen" und „treu", ist das Wort „trösten" abgeleitet. Trost-
spenden ist der Versuch, die Klage zu durchbrechen, zum Schweigen
zu bringen und den Ansagenden in ein Gespräch zu ziehen im Hinblick
auf ein zukünftiges Weitergehen der Beziehung und damit zum Finden
eines Partners.

Klagen und Trösten richten sich auf leidende Menschen. Wer von
Klagen berührt wird, versucht, mit Trösten zu helfen. Dazu berufen
sind nächststehende Familienmitglieder, Freunde und besonders Seelsorger und Ärzte. Der moderne Arzt wird nicht mehr ausgebildet, wie
er sich dem Leid seiner Kranken gegenüber zu verhalten hat, er über-
lässt das dem Seelsorger, der im Spital dafür angestellt ist. Wenn der
junge Arzt dann eines Tages in die Praxis tritt, steht er den Situationen,
in denen er auf Klagen eines Patienten und seiner Angehörigen antworten sollte, ratlos gegenüber.

Ich habe in den letzten Jahren zu verschiedenen Themen Vorträge gehalten, in denen ich Gelegenheit hatte, über Klage zu sprechen. So fand
ich ein Zitat bei Kraepelin, dass Kranke klagen, sie „seien namenlos
unglücklich". An einer anderen Stelle findet sich „Klage über Leere",
dann wieder wird geklagt „immer denken zu müssen", „denken zu
müssen, nicht einmal sterben zu können"; dann wieder „das Denken
nicht abstellen zu können", „keinen Ausweg aus gespannten Situationen zu finden". Von besonderem Interesse ist, dass „Nicht sein nicht
mehr denkbar ist" und damit die Möglichkeit der Negation fehlt. Auf
einen allgemein verständlichen Teil der Analyse melancholischer Klagen von Maldiney bin ich 1997 in meinem Beitrag „Daseinsanalytische
Psychotherapie" eingegangen[8].

Bevor wir abschließen, werfen wir einen Blick zurück auf die ural-
ten Klagelieder, von denen wir ausgegangen sind. Ihre musikalische
Komponente legt es uns nahe, auf eine gewaltige geistige Schöpfung
hinzuweisen. Es sind der Einleitungschor „Kommt, ihr Töchter, helft
mir klagen …" und der Schlusschor „Wir setzen uns mit Tränen nieder

…" der *Matthäus-Passion* von Johann Sebastian Bach. Die musikalische Kraft dieser Klagelieder ist wohl vom Größten, was menschlicher Geist je erfunden und in sprachlich-musikalischer Gestaltung hervorgebracht hat. Die Aufführung des Werkes gehört denn auch in einen dazupassenden kirchlichen Raum, um zur vollen Entfaltung zu kommen.

Wir schließen mit einem Gedicht aus den *Kindertotenliedern* von Friedrich Rückert[9], der sie nach dem Tod von zwei seiner Kinder, die in jungen Jahren an Scharlach gestorben sind, in der Versform des Rondels verfasst hat. Das entspricht nicht einer geschichtlichen Zeit des Fortschreitens von Vergangenheit, durch eine Gegenwart in die Zukunft, sondern einer sich immer wiederholenden zyklischen Zeit. Die *Kindertotenlieder* sind später (zwischen 1901 und 1904) von Gustav Mahler vertont worden.

Du bist ein Schatten am Tage
Und in der Nacht ein Licht;
Du lebst in meiner Klage
Und stirbst im Herzen nicht.

Wo ich mein Zelt aufschlage,
Da wohnst du bei mir dicht;
Du bist mein Schatten am Tage
Und in der Nacht mein Licht.
Wo ich auch nach dir frage,
Find ich von dir Bericht,
Du lebst in meiner Klage
Und stirbst im Herzen nicht.

Du bist ein Schatten am Tage
Und in der Nacht ein Licht;
Du lebst in meiner Klage
Und stirbst im Herzen nicht.

Literatur:

[1] Homburger A.: Über die Gefahren der Überspannung des psychotherapeutischen Gedankens, in: Nervenarzt 1, 1928.

[2] Dilling H., Mombour W., Schmidt M.H. (Hrsg.): Internationale Klassifikation psychischer Störungen, ICD-10 Kapitel V (F) Bern: Huber 1991.

[3] Sass H., Wittchen H.-U., Zaudig M. (Hrsg.): Diagnostisches und Statistisches Manual Psychischer Störungen DSM-IV. Göttingen: Hogrefe[2] 1998.

[4] Binswanger L.: Melancholie und Manie. Pfullingen, Neske, 1960.

[5] Guillaume G.: Leçons de linguistique 1948-1949. Paris: Klincksieck, Québec: PUF Laval 1973.

[6] Maldiney H.: Psychose et présence, in: Penser l'homme et la folie. Grenoble: Millon 5-82, 1991.

[7] Kuhn J.G.: Volkslieder und Gedichte. Bern Biebl Zürich: Ernst Kuhn 117, 1912.

[8] Kuhn R.: Die daseinsanalytische Psychotherapie heute, in: G. Nissen (Hg.): Verfahren der Psychotherapie. Stuttgart: Kohlhammer 76-86, 1999.

[9] Ellinger G. (Hrsg.): Rückerts Werke. Leipzig: Bibliographisches Institut. 4 Bd., 99 f. 1897(?)

Hans Georg Zapotoczky

Zur Würde des Klagenden

„… Ich will reden in der Angst meines Herzens
und will klagen in der Betrübnis meiner Seele"
(Hiob 7,11)

Gott lässt über Hiob, einen der drei Gerechten, schweres Leid kommen,
wie Verlust seiner Kinder, Verlust allen Besitzes, um die Echtheit von
Hiobs Frömmigkeit zu überprüfen. Hiob besteht die Anfechtung. Drei
Freunde Hiobs, Eliphas, Zophar und Bildad, versuchen als Verteidiger
des alten Vergeltungsglaubens Hiob zu überzeugen, er erleide nur die
gerechte Strafe für frühere große Sünden. Doch Hiob behauptet ihnen
gegenüber seine Unschuld. Ja, Hiob fordert schließlich Gott selbst
noch heraus.

Die Annäherung an die Klage kann nur von einer subjektiven Betrachtung ausgehen. Dieser haftet etwas Sentimentales, vielleicht auch Ana-
chronistisches an. Der einzelne Mensch ist in viele Dilemmata verstrickt und seine Klagen können weitreichend sein. Denkbar ist, dass
der einzelne Mensch mit seinen (vielen) Klagen einstimmt in ein kollektives Klagegeheul. Beispiele dafür sind Klagen über Rücken-
schmerzen, Kreuzschmerzen – wie ein entindividualisiertes, psychoge-
nes Massenphänomen dringen diese Klagen durch unsere Gesellschaft.
Oder Klagen über Stresssituationen – wer heute nicht über seinen Ar-
beitsstress klagt, ist kein moderner Mensch, lebt nicht in unserer Gesellschaft, die zu einer Klagegesellschaft geworden ist. Wer sich ernst
nehmen will, der klagt. Klage ist zu einem kollektiven Ereignis geworden und hat damit ihren individuellen Wert verloren.
    In der echten Klage kommt die Treue zum eigenen Stand zum Vor-
schein. Die echte Klage zeichnet mich aus. In der Klage setzt eine Würde des Menschen ein, nämlich die Treue zu sich selbst. Dass mich etwas schmerzt, etwas schmerzen kann, hebt mich heraus, hebt mich em-
por. Klage wird so zum individuellen Ereignis. Ich gehe mit der Klage
um, nicht sie mit mir.
    Worin bestehen nun die näheren Umstände, die näheren Bedingun-
gen, dass mich die Klage erhöhen kann, dass ich an der Klage zu rei-

fen vermag, dass durch sie mein Selbstwertgefühl ansteigt und ich eine persönliche Erweiterung erfahre?

1. In der Klage muss ein persönliches Anliegen auf den Punkt gebracht werden. Ich muss meine Klage exakt formulieren können, muss meiner Klage Schärfe verleihen.
2. In der Klage muss meine Echtheit spürbar werden; die Klage betrifft mich. Es wird kein anderer Inhalt auf meine Klage verschoben. Ich bin mit ihr authentisch.
3. In der Klage muss die Anstrengung deutlich werden, das, worüber geklagt wird, zu bewältigen. Wenn ich klage, setze ich mich mit einem Leid ernsthaft auseinander (und vermindere damit meine Klage). Klage kann ein Appell an mich selbst sein, meine Bewältigungsanstrengungen zu verstärken. Somit beinhaltet die Klage ein definitives Ziel; Klage stellt sich als eine Zielanstrengung dar.

Wir kennen Beispiele, die diesen Ansprüchen von Klage widersprechen: Der Nachbar von nebenan, der über Regierung, Finanzamt, Wirbelsäule, Herzschmerzen und Autokauf klagt; dessen Klage auf einer Verschiebung seines Problems beruht, (seine Freundin hat ihn nämlich verlassen) dessen Bewältigungskonzept hinter seinen Klagen jämmerlich ist, er weis nicht, was tun, ist hilflos, will aufgeben, seine Klagen bleiben ohne Konzept.

Der Hypochonder und Neurastheniker hüllt sich in ein Jammerkostüm ein. Er verschiebt die Auseinandersetzung mit sich, mit seinen persönlichen Schwächen nach außen, auf Schmerzpunkte und Muskeln. Seine Bewältigungskraft bleibt insuffizient. Er klagt ins Leere. Nicht einmal der Arzt kann ihm glauben. Pillen sind ineffizient. Die eigene Überzeugung ist verloschen, sie hängt am Gerüst des Jammerns.

Der Depressive wiederum kann die Klage nicht einmal formulieren. Er ist in die Situation einer klagelosen Anklage verstrickt. Der Depressive ist ein versteinertes Monument des Leidens. Er fällt mit ihm zusammen. Und er hat keine Bewältigungsmöglichkeit mehr.

Wie mutig, wie kraftvoll erscheint uns dagegen jener, der klagt. Müssen wir uns an Hiob halten und wieder klagen lernen? Klagen, um unsere Würde wiederzugewinnen, um Gott herauszufordern? In der Bewältigung der Klage lassen sich Monumente aufzeigen, die auch bei der Lösung von Problemen eine Rolle spielen. Eine allgemeine Richtlinie betrifft folgendes: Klage gehört zu unserem täglichen Leben und sie kann bewältigt werden. Man soll den Klagenden anhören und ernst nehmen. Mit einer (oft vorschnellen) Lösungsmöglichkeit sollte zugewartet werden. Im Speziellen: Man sollte das, worüber geklagt wird, möglichst exakt formulieren können. Man sollte darüber reden, die Klage nicht verschweigen. Also Vertraute finden, denen man die Klage mitteilen kann. Je mehr Lösungsmöglichkeiten gefunden werden, umso besser kann die Klage bewältigt werden. Man sollte darauf achten, sich gegenüber den vielen Bewältigungsmöglichkeiten auch entscheiden zu können.

Vielleicht macht dies verständlich, dass sich mein Herz nicht verschließen will, sondern reden in der Angst meines Herzens, dass ich mich nicht in der Betrübnis meiner Seele vergraben will, sondern den Mut finde zu klagen. Und dass ich weiß, dass mich die Klage wieder an andere Menschen heranführen kann.

Roger Pycha

Ort der Klage, Ort der Hilfe:
Stärkung und Hilfe in der Gruppe

Der Ort der Handlung: Die Gruppe

Der Soziologe Ulrich Beck diagnostiziert in seinem Werk „Risikogesellschaft" auf Seite 157: „Der Motor der Individualisierung läuft auf vollen Touren, und es ist insofern nicht erkennbar, wie neue dauerhafte soziale Lebenszusammenhänge, vergleichbar den Tiefenstrukturen sozialer Klassen, überhaupt gestiftet werden können." Er erkennt in der Zukunft, die längst Gegenwart ist, eine eigentümliche Pluralisierung der Gesellschaft hin zu verschiedensten anstehenden Konflikten und Lösungen, wie folgt: „Entsprechend werden Koalitionen punktuell, situations- und themenspezifisch und durchaus wechselnd mit unterschiedlichen Gruppen aus unterschiedlichen Lagern geschlossen und wieder aufgelöst. Man kann gleichzeitig etwa zur Verhinderung des Fluglärms mit Anrainern in einer Bürgerinitiative koalieren, Mitglied der Industriegewerkschaft Metall sein und politisch rechts wählen."[1]

Ein breites Spektrum an vergänglicher Gruppenzugehörigkeit ersetzt mittelalterliche Stände oder frühneuzeitliche soziale Klassen, zum Teil auch im Ewigen gegründete Religionen. Gleichzeitig greift die Individualisierung gerade im engen Kreis der Familie Platz. Sennett spricht vom „Terror der Intimität", Ehrenreich von „the battle of the sexes". Bei aller massenedialen Pointierung dieser Aussagen enthalten sie mehr als ein Körnchen Wahrheit. Paarbeziehungen und familiären Bindungen haftet sehr viel Ohne- und Gegeneinander an, und die durchgängige Botschaft der Begegnung der Geschlechter ist Selbstverwirklichung: „Ich bin ich und du bist du"[2]

Das gesellschaftliche Terrain wird durch diese Entwicklungen unübersichtlicher, errungener, aber auch flexibler und gestaltbarer. Die Sehnsucht nach Zugehörigkeit zu möglichst glaubwürdigen sozialen Orten muss im Gegenzug wachsen. Und Gestaltbarkeit meint: Wenn wir diese Orte brauchen, aber nicht besitzen, dann müssen wir sie uns schaffen.

Ein zweiter bedeutsamer Hinweis auf die Tragfähigkeit von Kleingruppen kommt aus der Verhaltensforschung. Wenn Konrad Lorenz Recht hat, dient der Aggressionstrieb bei Menschen und manchen anderen Primaten nicht der Arterhaltung, sondern höchstens dem Überleben der eigenen Sippe. Ihm zu Folge haben kopfjagende Papuas in Neuguinea, die in kleinsten Gruppen zu 10 bis 15 Männern leben, und mit allen benachbarten Kleindörfern einen dauerhaften Kriegszustand unterhalten, eine vollständige Aggressionsabfuhr nach außen, gegen die Unbill der Natur und der Gegner. Untereinander können sie deshalb eine verschworene Gemeinschaft bilden, in der einer für den anderen regelmäßig einsteht.

Diese Konstellation erinnert in erschreckender Weise an die innerfamiliäre Milde und Zärtlichkeit von KZ-Kommandanten oder an das, was den Mafia-Clans (beispielsweise den Corleones im Film „Der Pate") an innerem Zusammenhalt und äußerer Gewalt widerfährt. Das Muster scheint durchgängig: Eine konstruierte, erlebte oder wirkliche feindliche Umwelt lässt wenige betroffene Individuen zusammenrücken. Aus Druck entsteht Solidarität.

Lorenz beschreibt weiter, wie die Masse vorhandener Individuen zum Beispiel in Großstädten zu Ermüdungserscheinungen dieses sozialen Kittmusters beiträgt. Zu viele Bindungen überfordern bloß, sehr viele gute Freunde kann man schwerlich haben. Das dichte Netz zwischenmenschlicher Regeln ist auf friedliches Zusammenleben ausgerichtet und hemmt dadurch jede natürliche Aggressionsverwendung – das papuanische Nachbardorf ist in weite Ferne gerückt, stellvertretend argwöhnt man mit schlechtem Gewissen gegen Ausländer, Andersdenkende, Vertreter anderer Rasse, Kultur oder Religion. Dass der Mensch „nicht ganz gut genug für die Anforderungen des modernen Gesellschaftslebens ist"[3], mag man hinnehmen, wenn es um Abhilfe geht. Und diese scheint sich in möglichst umschriebenen Gruppen mit möglichst wenig Regeln günstiger verwirklichen zu können. Theodore M. Mills schätzt, dass die Zahl solcher Kleingruppen die Zahl der Individuen bei weitem übersteigt[4] – ein mathematischer Hinweis darauf, dass jeder Mensch mehrere solcher Gruppen, konkret ein Netzwerk davon, benötigt, um sich zurecht zu finden. Wenn Konrad Lorenz' Annahmen stimmen, so sind wir alle für kleine Gruppen geschaffen und halten uns am liebsten in ihnen auf, weil dort eine aggressionsarme Zone entstehen kann. Diese relative Friedlichkeit und Abgeschirmtheit wieder sind Voraussetzungen dafür, dass auswärts bestehende oder in der Gruppe entstehende Konflikte nicht verdrängt oder einfach unterdrückt, sondern bearbeitet und bewältigt werden können.

Vom Kläger zum Klienten

Der Kurzpsychotherapeut Steve DeShazer teilt die Menschen, die bei ihm Hilfe suchen, in drei Kategorien, nämlich in Besucher, Kläger und Klienten.

Besucher kommen vorbei, um zu sehen, was man macht, wie man aussieht, in welchem Unfeld man arbeitet. Sie wollen einfach ermessen, auf was sie sich einlassen würden, wenn sie eine Behandlung begännen. Ein Student der Theologie erklärte mir einmal während der Zeit, die ich im Innsbrucker Canisianum verbrachte, er sei bei einem schlechten Arzt gewesen. Als ich fragte, woran er die Unfähigkeit des Mediziners bemessen hatte, antwortete er: „Er hatte in seinen Regalen fast keine Bücher. Ein Arzt, der nicht liest, ist kein guter Arzt." Von solcher Art sind Besucherurteile.

Kläger kommen, um Dampf abzulassen. Sie brauchen den verbalen Protest gegen übermächtige Umstände, Verstrickungen, Feinde. Sie sind belastet von der Vorstellung oder Gewissheit der eigenen Ohnmacht, wollen ernst genommen werden in ihrer Tragik, um narzisstisch überhaupt weiter bestehen zu können. Sie richten viel Energie auf die Projektion der Verantwortung nach außen, verwenden viel Kraft auf das Ausleben und Zeigen ihrer Gefühle, und finden kurzfristige Erleichterung in der Erschöpfung, die sich in der Folge einstellt.

Klienten hingegen wollen Umstände verändern, besitzen dafür aber noch keinen klaren Plan. Sie sind bereit anzunehmen, dass sie selbst einen Beitrag zu Veränderung leisten können, dass sie selbst womöglich die ersten oder einzig machbaren Schritte unternehmen müssen. Sie kommen, um sich beraten zu lassen und dadurch mehr Sicherheit über ihre Fähigkeiten und Handlungsweisen zu erhalten. Sie glauben daran oder hoffen darauf, dass im zwischenmenschlichen Kontakt neue Ideen entstehen, dass zwei Gehirne mehr sind als ihrer beider Summe, dass sich im Zusammenwirken und Zusammenhalten von Klient und Therapeut jene besondere zusätzliche Qualität zeigt, die der Anthropologe Gregory Bateson „mind – Geist" nennt. Batesons eigenem bekanntem Beispiel zu Folge muss das Augenmerk auf das Zusammenwirken eines Systems gelegt werden, um „Geist" zu bemerken. Der Waldarbeiter allein, der einen Baum fällt, hat nicht Geist. Aber er hat Teil an dem zweckvollen Ganzen, schwingt auf günstige Weise die Axt, die Jahrtausende vor ihm erdacht und wahrscheinlich Jahre vor dem bewussten Augenblick produziert worden war. Und bearbeitet den Stamm, der in

eine Kerbe splittert, bis er fallen kann. Das alles zusammen ist „Geist".[5]
Ohne Zweifel gelingt ein therapeutischer Prozess, wenn aus Besuchern Kläger, und aus Klägern Klienten werden. Genauso zweifelsfrei benötigt dieser Vorgang günstige Bedingungen, wie sie meiner Beobachtung zu Folge in Selbsthilfegruppen vorhanden sind oder entstehen.

Unter Umständen sind Besucher nämlich Menschen, die nur noch nicht zu klagen wagen, die noch nicht wissen, wohin mit ihrem Schmerz. Immer wieder haben mir von Süchten, Depressionen, Angststörungen oder psychosomatischen Störungen Betroffene erklärt, sie hätten von vorneherein angenommen, niemand werde, niemand könne sie verstehen. Dieser Umstand verletzt uns professionelle Helfer teilweise, da wir doch ein theoretisches und praktisches Vorverständnis besitzen, das wir für sehr wertvoll erachten. Es ist allerdings häufig nicht aus eigenem Erleben des Leidens, sondern aus der Begleitung und Betreuung Leidender erwachsen. Psychisch Leidende sind, auch durch die ablehnende und etikettierende Reaktion der Gesellschaft, vorsichtig geworden im Zeigen ihres Schmerzes. Und sie haben Unverständnis erfahren oder meinen es aus Urteilen von Fachleuten und Helfern herauszuhören, wenn es um harte Entscheidungen geht. Gerade suchtkranke Menschen schotten sich regelrecht ab gegen den Rest der Welt, der von Alkohol oder Drogen im krank machenden Sinne nichts verstehe. Da sind Gleichgesinnte, Schicksalsgenossen, Mitbetroffene oft der einzige soziale Umgang, der noch anerkannt wird. Deren Geschichten sind die einzigen, die noch glaubhaft klingen. Und Gruppen von Betroffenen gehören zu den letzten wenigen Orten, die einen Besuch wert sind.

So geschehen bei Bill, dem schwer trinkenden Börsenmakler, der 1935 Mitbegründer der ersten AA-Gruppe in Akron/Ohio wurde. Bill schildert minutiös, wie seine Behandlung beim Psychiater Dr. William Silkworth zum Ergebnis führte, er leide an einer praktisch unheilbaren Krankheit mit doppelter Komponente, der „Allergie des Körpers gegen Alkohol" und der „Besessenheit des Geistes". Erst dieses niederschmetternde Urteil machte Bill frei für die spirituelle Erfahrung eines Freundes, der ebenfalls Trinker gewesen war und mit Hilfe einer so genannten Oxford-Gruppe abstinent werden konnte. Die Verzweiflung ließ ihn nach demselben Strohhalm greifen.[6]

„Klagen zu dürfen, verstanden zu werden, ist ein Glück". So schildern viele an Panikstörung Leidende ihre ersten Erfahrungen in Selbsthilfegruppen. Betroffene, die glauben, an einer seltenen oder gar medizinisch

nicht bekannten Krankheit zu leiden, bei der die Ärzte nur kommentieren könnten, organisch fehle nichts, kommen in Kontakt mit anderen, die dieselbe ängstliche Einsamkeit, dieselbe Orientierungslosigkeit
empfunden haben. Sie erleben, wie ihre eigenen unerklärlichen Symptome weitgehend übereinstimmen mit der Todesangst aller in der
Gruppe, und merken ganz konkret, dass geteiltes Leid zu halbem Leid
wird.

Jede Klage, meinte Sigmund Freud, ist eine Anklage. Mehr noch ist
sie eine Suche nach dem Ausdruck für den Schmerz, ist eine endlich
gefundene Form für vorher Unsagbares. Und sie beinhaltet die Hoffnung auf ein oder mehrere Gegenüber, die hören und verstehen. Damit
enthält die Klage beide Voraussetzungen für die Bearbeitung von
Schwierigkeiten: Brechen der Stummheit und Brechen der Isolation.

Wie aber vollzieht sich in einer Selbsthilfegruppe die Wandlung vom
Kläger zum Klienten? Ich will dies an einem der schwierigsten, aber
zugleich auch wissenschaftlich am besten untersuchten Beispiele darstellen: Dem Erfolgsgeheimnis der Anonymen Alkoholiker (AA) bei
der Bekämpfung der Alkoholkrankheit.

Spiritus contra spiritum

Viel Leid rekrutiert viel Theorie, um es auszuhalten oder zu wenden.
Roland H. war Alkoholiker und ließ sich, vergeblich, von C.G. Jung in
Zürich behandeln. Nach einem letzten Rückfall gab Jung die Behandlung auf, und Roland fragte verzweifelt, ob er denn unheilbar krank sei,
ob es keine Hoffnung für ihn gebe. Jung bestätigte ihm die Schwere
seines Leidens, meinte aber, er habe vereinzelte Heilungen bei Menschen erlebt, die intensive spirituelle Erschütterungen mitgemacht hätten. Er riet Roland, sich ein solches religiös orientiertes Umfeld zu suchen[7], und brachte 30 Jahre später in einem Brief an Bill, den oben erwähnten Mitbegründer der AA, seine richtungweisende Intuition auf
die Kurzformel: „Spiritus contra spiritum", menschliche Geisteskraft
gegen den Weingeist.

Roland begab sich zu einer der damals in den USA und Europa weit
verbreiteten Oxford-Gruppen. Die gemeinsame Überzeugung der sich
dort versammelnden Menschen war, dass jeder Mensch ein Sünder sei
und Fehler habe. Anderseits könne jeder sich ändern – durch ein Geständnis, das den Effekt einer Beichte habe. Dazu müsse es im Innern
des Betroffenen genauso erfolgen wie in einer umschriebenen Öffentlichkeit, vor der Gruppe. Roland blieb mit Hilfe der Oxford-Gruppe

dauerhaft abstinent, half durch sein Beispiel einem anderen Alkoholiker, der wiederum Bills Vorbild wurde.

1935 entdeckten Bill und Dr. Bob, ein versoffener Chirurg, dass das
radikal offene Gespräch über ihre Schwierigkeiten, ihre Fehler und ihr
Alkoholverlangen beiden half, ihr Trinken einzustellen. Die erste AA-
Gruppe war gegründet.

Bis heute kann die AA als inzwischen weltumspannende Bewegung
mit über einer Million Teilnehmern in mehr als hundert Ländern auf
unglaubliche Behandlungserfolge zurückblicken. Laut mehreren amerikanischen und einer bundesdeutschen Erhebung[8] bleiben 40 % der
AA-Teilnehmer auf Dauer abstinent, während andere Heil- und Be-
treuungsverfahren gerade ein Drittel der Betroffenen vom Alkohol frei
halten.

Das Geheimnis der AA

1939 wurden die „12 Schritte" der AA verfasst, das Programm, in dem
das Geheimnis des Erfolgs niedergelegt und doch schwer fassbar ist. Es
zerfällt in meinen Augen in fünf wesentliche Teile.

Das erste Grundelement ist das Geständnis: Klage umgemünzt in radikale Selbstanklage. Die eigene Schwäche zu erkennen wird zum Aus-
gangspunkt der Wandlung. Jahre-, jahrzehntelang kämpfen Alkoholiker
dagegen an, zuzugeben, dass sie schwächer sind als die Flasche. Dass
der Alkohol sie beherrscht, und nicht umgekehrt. Der unhaltbare Stolz
vor allem männlicher Alkoholiker, zu tun, als sei alles unter ihrer Kontrolle, diese ihnen liebste und bröckligste Fassade, überdauert oft vielen
Missgeschicken zum Trotz, und wird immer wieder aufgerichtet. Die
häufigste Abwehrform vor allem weiblicher Alkoholiker, die Klage über
erlittenes Unrecht oder über die Flucht vor dem Schmerz in den Suff,
erntet lange viel Verständnis der näheren Umgebung, sodass wertvolle
Zeit verstreicht. Diesen Stolz und diese Scheinrechtfertigungen zu besiegen treten die AA in ihrem ersten Bekenntnis an.

Zweitens geht es darum, aus der Schwäche eine Stärke zu machen.
Dies übersteigt die Kraft des Einzelnen. Jeder in der Gruppe, die gesamte Gruppe, verbündet sich deshalb mit „einer Macht, die größer ist
als wir selbst – Gott, wie jeder ihn versteht". Wenn der Kampf gegen
die Tücken des Alkohols gelingen soll, dann muss sich der Betroffene
beschützt einerseits fühlen, und ausgeliefert anderseits. Im christlichen
Verständnis der Allmacht Gottes und der vollständigen Unterwerfung
seines Sohnes unter andere ist dieses Paradox des Kreuzes stark vorge-

zeichnet – und lässt über Jahrtausende spirituelle Kraft freiwerden. Mit der Formel „Gott, wie jeder ihn versteht", lösen sich die AA gleichzeitig von jedem irgendwie verwalteten Gottesbild und von einzelnen Konfessionen.

Der dritte Schritt der Betroffenen wird das Erkennen und Zugeben ganz konkreter Fehler und Vergehungen. Jeder geht ins Detail, bekennt „vor uns selbst, vor Gott und vor einem anderen Menschen" , was er bisher falsch gemacht hat, und entwirft einen konkreten Plan der Wiedergutmachung, den er vollständig durchführt, es sei denn, er würde andere Menschen dadurch verletzen. Es besteht bei den AA ein starker Zusammenhang zwischen Erkenntnis und Tat: Was ich eingesehen habe, verwirkliche ich auch. Die große Idee des Sokrates, wer richtig erkenne, handle wie selbstverständlich gut, ist weder aus psychologischer noch aus ethischer Sicht selbstverständlich. Zunächst muss der Betroffene die Einsicht in sich stärken und prüfen, er muss regelrecht zu seiner eigenen Einsicht werden. Das gelingt nur, wenn er sich auf unbequeme und unwiderrufliche Art dazu bekennt, an allen psychologisch vorhandenen Orten: in seinem Innern, vor der höheren Macht, die sein erhoffter Bündnispartner ist, und vor anderen Menschen.

Auf diese Weise werden sein Stolz oder seine Angabe falscher Gründe, die ursprünglich Abstinenz verhindert hatten, gebrochen hin zu einem Ringen um neue Glaubwürdigkeit. Die funktioniert paradoxerweise besser, je mehr sie erlitten ist. Wie Schönheit muss Abstinenz leiden.

Die vierte Besonderheit der AA ist die starke Bindung an die Gruppe. Das „Wir" ersetzt das „Ich", es geht immer um gemeinsames, solidarisches Bemühen, um Selbst- und Nachbarschaftshilfe. Die Gruppe ist schlichtweg der Ort, an dem Gott oder die höhere Macht wirken. Sie ist auch Ausdruck dieser Kraft, stiftet Beziehung gegen die Isolation des Alkoholikers, verschafft Überblick im Chaos des versumpften Lebens, wird zum Übungsfeld für Verhaltensänderung und zum Korrektiv, wenn jemand weiter scheitert. Der bekannte Berliner Psychiater und Alkoholismusforscher Lothar Schmid spricht vom „Gruppen-Über-Ich", das den Teilnehmern der AA erwächst. Die Gruppe wird ihnen Richtschnur, Gewissen und Bestätigung.

Alkoholiker stehen in einem Dauerkonflikt mit ihrem eigenen Überich. Sie verzeihen sich ihr eigenes Versagen so wenig, dass sie auch dagegen verzweifelt weiter antrinken. Ihre Sehnsucht nach einem anderen Überich, oder zumindest nach einem anderen Umgang damit, wird unerträglich. Da stoßen sie auf das Gruppen-Überich, das weniger

streng, weniger fordernd ist als das eigene, und das Augenmerk auf
Machbares lenkt.

In einem fünften Vorgang lässt die Gruppe gemeinsam ihren Stolz
und ihren Hochmut in der Vergangenheit. An der Grenze grammatika-
lisch korrekter Zeitenfolge steht in den zwölf Schritten: „Wir gaben zu,
dass wir dem Alkohol gegenüber machtlos sind", oder „Wir kamen zu
dem Glauben, dass eine Macht, größer als wir selbst, uns unsere geistige Gesundheit wieder geben kann".

Diese autosuggestive sprachliche Wendung hat dreifache Folgen:
Zum einen ist das Umdenken bereits geglückt, sind die wesentlichen
Entscheidungen gefallen. Zum andern wirken Gefährdungsmomente
und hilfreiche Einstellungen in die Gegenwart fort. Aus der daraus ent-
stehenden Spannung wird schließlich die Zukunft geformt. Sie ist frei
für Veränderung. Aus Klägern sind Klienten geworden, die sich selbst
und gegenseitig anleiten.

Zu Recht sieht Gregory Bateson in diesem Konzept eine „Theologie"[9].
Es entspricht im besten Sinn der „Höhenpsychologie", die Viktor
Frankl der Freudschen „Tiefenpsychologie" entgegensetzt. Ein AA-
Freund bezeichnete mir gegenüber die „12 Schritte" als „ein spirituel-
les Programm, das einen ein Leben lang verfolgt". Und definierte aus
eigenem Antrieb gleich weiter: „Religion hat, wer an an die Hölle
glaubt. Spiritualität hat, wer dort schon war."

Weg vom Sonderfall

Nicht jedes Selbsthilfegruppenmodell benötigt so viel und so hohe, ge-
läuterte Theorie. Michael Lukas Moeller unterteilt Selbsthilfegruppen
in „*Aktivgruppen*" und „*Gesprächsgemeinschaften*". Selbsthilfeaktiv-
gruppen wie „Frauen gegen Krebs", von Multiple Sklerose oder Dia-
betes Betroffene treffen sich vor allem, um Erfahrungen auszutau-
schen, ihre Behandlungsmöglichkeiten zu verbessern und ihr Umfeld
für ihre Anliegen zu sensibilisieren. Gesprächsgemeinschaften hingegen betreiben regelrechte Psychotherapie in der Gruppe, wie dies zum
Beispiel die den AA nachempfundenen „Anonymen Neurotiker" oder
die „Club D & A" –Gruppen tun. Ihr Ziel ist günstige Veränderung der
Persönlichkeit.[10]

In jedem Fall aber entsteht ein Gruppen-Überich, sobald nur einige
Regeln zu gelten beginnen.[11] Es kann eine sehr technische, nüchterne
Ausrichtung erfahren, mit dem Ziel nach mehr Unterstützung und Hilfe

durch das Gesundheits- oder Sozialwesen. Es kann sich in Beziehungsgestaltung üben („Wie behandle ich meinen Arzt?"), Gespräche reglementieren oder einen inneren Reifungsprozess zum Inhalt haben. Vor allem aber kann das Selbstverständnis der Gruppe von all diesen Möglichkeiten und einigen weiteren gleichzeitig Gebrauch machen.

Selbsthilfegruppen werden in ihrer Bedeutung von Teilnehmern eher euphorisch überschätzt, und von Vertretern des Gesundheitswesens öfter missbilligt oder unterschätzt. Prof. Herbert Janig vom Institut für Psychologie der Universität Klagenfurt hat mit seinen Mitarbeitern eine bedeutsame Befragung an 458 Teilnehmern verschiedener Selbsthilfegruppen durchgeführt. Das überraschende Ergebnis: Für die Lebensqualität der Betroffenen ist die Teilnahme an den Gruppen genauso wichtig wie das Zusammensein mit dem Partner oder mit den Kindern. Nach fallender Wichtigkeit gereiht folgen Fach- und Hausärzte, Freunde, andere Mitarbeiter des Gesundheitswesens, Beratungsstellen und Psychologen. Die meiste Zeit wird in den Gruppen dem Erfahrungsaustausch gewidmet, gefolgt von der Schilderung eigener Gefühle und der Information durch Fachleute, während gesellige Anlässe, Öffentlichkeitsarbeit und Entspannung jeweils geringere Zeitspannen umfassen. Nach den jeweils stärksten Veränderungen durch den Gruppenbesuch befragt, gaben die meisten Betroffenen an, mehr und bessere Kenntnisse über ihre Beschwerde und den geeigneten Umgang damit erhalten zu haben. Am zweithäufigsten wurde der soziale Zusammenhalt in der Gruppe und die Bekämpfung der Isolation beschrieben, das dritte Motiv war die Stärkung der Selbstsicherheit, vor allem im Umgang mit Ärzten. Je länger und regelmäßiger Betroffene ihre Gruppen besuchten, desto ausgeglichener und weniger anfällig für besondere Stresssituationen fühlten sie sich, desto mehr Veränderung nahmen sie an sich wahr.[12]

Selbsthilfegruppen sind bestimmt kein Ersatz für therapeutische oder soziale Angebote. Aber sie sind eine ideale Ergänzung dazu, die überall dort besonders Not tut, wo Gesundheitssystem oder soziale Anlaufstellen keine befriedigenden Antworten auf existentielle menschliche Leidensfragen geben können. Selbsthilfegruppen sind Ausdruck des Wunsches nach Mitverantwortung und Selbstgestaltung von Betroffenen. Sie stellen keine Entwertung oder Beleidigung des Gesundheitswesens dar. Viel eher sind sie dessen *Gewissen*, das in heiklen Angelegenheiten zu Rate gezogen werden kann.

Literatur:

[1] Beck U.: Risikogesellschaft. Auf dem Weg in eine andere Moderne. Suhrkamp Verlag, Frankfurt am Main, Sonderausgabe 157-159, 2003.

[2] Ebda, 161

[3] Lorenz K.: Das sogenannte Böse. dtv München 234, 1976.

[4] Schmidbauer W.: Wie Gruppen uns verändern. Rororo Hamburg 27, 1999.

[5] Bateson G.: Ökologie des Geistes. Form, Substanz und Differenz. Suhrkamp Verlag, Frankfurt am Main 589, 1990.

[6] Anonyme Alkoholiker deutscher Sprache (Hg): AA wird mündig. Ein kurzer Abriss der Geschichte der Anonymen Alkoholiker.1. Auflage 36, 1990.

[7] Anonyme Alkoholiker Interessensgemeinschaft e. V. München (Hrsg): Anonyme Alkoholiker. Ein Bericht über die Genesung alkoholkranker Frauen und Männer. Selbstverlag, München/ Oldenbourg, 32, 1992.

[8] Schmidt L.: Alkoholkrankheit und Alkoholmisbrauch. W. Kohlhammer Verlag Stuttgart 2. Auflage, 180, 1988.

[9] Bateson G.: Ökologie des Geistes. Die Kybernetik des „Selbst": Eine Theorie des Alkoholismus. Suhrkamp Verlag, Frankfurt am Main 428, 1990.

[10] Moeller M.L.: Selbsthilfegruppen. Anleitungen und Hintergründe. Rororo Hamburg 14, 1996.

[11] Wohlfahrt N., Breitkopf H.: Selbsthilfegruppen und Soziale Arbeit. Eine Einführung für Soziale Berufe. Lambertus-Verlag, Freiburg im Breisgau 57, 1995.

[12] Fonds Gesundes Österreich (Hg): Wirkung von Selbsthilfegruppen auf Persönlichkeit und Lebensqualität, SIGIS-Doku, 2. Auflage, Wien 7 ff, 2002.

Bilder der Klage

Paul v. Naredi-Rainer

Zwischen Stille und Dramatik: Bilder der Klage

Auf den ersten Blick scheint es zwischen der 1498 entstandenen Pietà des jungen Michelangelo (Abb.10) und Picassos 1937 geschaffenem Riesengemälde „Guernica" (Abb.1) kaum Gemeinsamkeiten zu geben. Und doch sind beide Werke, die zu den berühmtesten der Kunstgeschichte zählen, letztlich Ausdruck einer existentiellen Grunderfahrung: der Trauer.

Trauer ist die Erfahrung des Verlusts von Unwiederbringlichem, nicht wieder Gutzumachendem, das wir so leidvoll erleben und das uns unausweichliche Fragen nach dem Sinn der Existenz aufdrängt. „Das Phänomen der Trauer setzt ein in dem Moment, in dem Wertvolles und Wertgeschätztes entrissen wird: eine geliebte Person durch Tod oder Trennung, Ideale und Ideen, Gemeinschaft oder Dinge, die verlustig gehen oder die wir verloren glauben. Trauer beginnt auch, wenn Fähigkeiten, Wünsche oder Lebensfelder entgleiten, wenn Geborgenheit, Identität, Vertrautheit, Erfolg oder Freude gefährdet sind, und wenn es heißt, einen Abschied zu akzeptieren – d. h., das eingebrochene Schicksal zu verwinden" (Trummer).

Die Trauer über den Tod eines nahe stehenden oder verehrten Menschen, die wohl elementarste dieser Erfahrungen, äußert sich einerseits im Klagen, das z. T. zeremoniell geregelt ist, führt in ihrem Ringen um Ausdruck aber auch oft ins Schweigen. Die Erfahrung des Verlustes, die wir so schwer benennen können und die uns dennoch so vertraut ist, ist ungewöhnlich und verstörend – und sie ist durch Bilder nur schwer darstellbar. Dennoch scheint es, als würden gerade Bilder die namenlose Ohnmacht der Gefühle eingrenzen und entschärfen können, weil sie die Eigenschaft besitzen, das Erinnerungswürdige zu speichern. Damit wirken sie dem Wissen um eine uneinholbare Endgültigkeit entgegen, in der vor allem die Trauer um die Toten besteht. Indem es das Vergangene in Erinnerung hält, tritt das Bild der Endgültigkeit des Todes entgegen. Dennoch kann es den Verlust, den wir betrauern, nicht wirklich ersetzen. Das Gewesene selbst ist durch seine ikonische Wiederholung nicht mehr einzuholen – ein Umstand, der in der doppelten Reflexion des Bildes begründet ist: Jedes Bild findet ja seinen Sinn darin, etwas abzubilden, was abwesend ist und also nur im Bild da sein kann. Bilder bringen zur Erscheinung, was nicht im Bild *ist,* sondern ausschließlich dort *erscheinen kann.* Das Bild belegt damit eine besondere Weise der Gegenwart, in der das Unwiederbringliche ist, und ebenso nicht ist. Unter diesen Umständen ist das Bild des Verlorenen, des Toten, auch keine Anomalie, sondern geradezu der eigentliche Sinn dessen, was ein Bild ohnehin ist. Jedes Bild ist – als Metapher der Trauer – nämlich immer beides zugleich: das Verschwinden des Lebens und sein hartnäckiges Fortdauern.

Das Maßstabslose der Trauer findet oft seine Entsprechung in einer Übersteigerung der ästhetischen Mittel. Ihre Verbildlichung, die notwendigerweise Ausdruck oder Darstellung der Klage ist, pendelt zwischen pathetischer Dramatik und introvertierter Stille – zwei Pole, wie sie exemplarisch in Picassos Gemälde und Michelangelos Plastik repräsentiert werden.

Abgesehen von ihrer stilistischen und natürlich gattungsspezifischen Charakteristik stehen diese beiden Kunstwerke aber nicht nur für die extremen Möglichkeiten von stiller Versenkung und dramatischer Ekstase, sondern markieren auch die ikonographische Breite des Ausdrucks von Klage: Sie reicht von einem zum Andachtsbild gewordenen, klar definierten Typus wie der Pietà bis hin zur enigmatischen, individuell komponierten Darstellung, die sich gleichwohl einer Fülle tradierter Topoi bedient und auch Anspruch auf allgemeine Gültigkeit erhebt.

Beginnen wir bei letzterem, Picassos innerhalb von fünf Wochen entstandenem, fast 8 Meter breitem Riesengemälde. Auch wer nichts über seine Entstehung weiß und auch nicht mit Picassos Bildsprache vertraut ist, wird sehr schnell erkennen, dass in der Fülle der Motive mehrfach unmissverständliche Gesten des Schmerzes, des Entsetzens, der Klage auszumachen sind: Am linken unteren Bildrand die am Boden liegende, zerstückelte Figur eines Kriegers mit zum Schrei geöffnetem Mund und zerbrochenem Schwert; darüber, links im Bild, eine Frau, die ihre Verzweiflung über das tote Kind im wahrsten Sinn des Wortes in den Himmel schreit; dem entspricht am rechten Bildrand eine Figur mit zurückgeworfenem Kopf und pathetisch erhobenen Armen, auch sie den Mund zum Schrei geöffnet. Schließlich, und nicht von ungefähr in der Mitte des Bildes, ein verletztes Pferd in panischem Schmerz – Inbegriff der wehrlosen, leidenden Kreatur. Alle diese Motive spielen in Picassos Gemälde keine untergeordnete Rolle, sondern sind dessen zentraler, unmittelbar zur Anschauung gebrachter Inhalt.

Es würde viel zu weit führen, hier näher auf die mittlerweile ganze Regalmeter füllenden Interpretationsversuche dieses Bildes einzugehen, die untrennbar mit seiner – bestens dokumentierten – Entstehungsgeschichte verknüpft sind. In unserem Zusammenhang mögen folgende Angaben genügen: Picasso hatte Anfang 1937 von der republikanischen Regierung Spaniens den Auftrag für ein Wandgemälde erhalten, das den spanischen Pavillon der im Juli in Paris beginnenden Weltausstellung in Paris schmücken sollte. Er dachte zunächst daran, seinen Auftrag mit einer Darstellung der Freiheit der Kunst zu erfüllen, gefasst in eine Atelierszene mit Maler und Modell. Er änderte aber seine Absicht, nachdem ihn die Nachricht vom Bombardement der baskischen Stadt Guernica erreicht hatte, die im beginnenden spanischen Bürgerkrieg von einem auf der Seite der Falangisten kämpfenden deutschen Luftgeschwader der berüchtigten Legion Condor am 26. April 1937 total zerstört worden war. Das Angriffsziel war militärisch belanglos, die Zerstörung ein reiner Terrorakt. Politische Bedeutung erhielt das Ereignis durch eine Serie von Berichten in der internationalen Presse. Guernica wurde dadurch nicht nur zu einem Synonym für die Gräuel des Bürgerkrieges, sondern auch zu einem Symbol für den modernen Massenvernichtungskrieg.

Picassos Gemälde schildert in seinem Gemälde weder kriegerische Handlungen noch betont er einen politischen Standpunkt (obwohl er eindeutig auf der Seite der Republikaner stand). Guernica, das zeitgeschichtliche Symbol des Kriegsterrors, wird ihm Anlass für eine allegorische Komposition, die Schrecken und Leiden, aber auch Stärke (der Stier!) und Hoffnung (das Licht!) zum Ausdruck bringt, in einem Darstellungsstil, der Figuration und Dissoziation vereint und sich vieler Bildelemente zumal aus der christlichen Kunst bedient, die von der am christlichen Altarretabel orientierten triptychonartigen Anlage über das Motiv der Pietà (die verzweifelte Frau mit dem toten Kind am linken Bildrand) bis hin zur hell strahlenden Lampe in hoher Bildposition reicht, die wohl nicht zu Unrecht mit dem Bildmotiv des allsehenden Gottesauges in Zusammenhang gebracht worden ist.

Insgesamt kann man in Picassos Gemälde den – letztendlich erfolglosen – Kampf des Bösen gegen das Gute sehen, vergleichbar der Zerstörung der Stadt Guernica. Die schreckliche Wirklichkeit des Bombenangriffs ist nicht dargestellt, sondern wird in einer durch ein Bild erweckten Vorstellung beschworen. Diese – so formulierte es der Kunsthistoriker Max Imdahl – „in der Vorstellung beschworene Wirklichkeit des historischen Ereignisses aber ist aufgehoben, enthalten in der Vorstellung eines Mythischen über aller historischen Zeit".

Damit aber erhebt Picassos Bild, in dem der unfassbare Schrecken in elementaren Gesten menschlicher Klage zum Ausdruck kommt, im Schreien verzerrter Gesichter und in hochgerissenen Armen, einen Anspruch auf Allgemeingültigkeit, der durchaus mit jenen Bildfindungen der christlichen Kunst vergleichbar ist, für die ich hier wiederum ein besonders prominentes Beispiel zeige: Den so genannten Isenheimer Altar des Matthias Grünewald, dessen erste Schauseite (in geschlossenem Zustand) im mittleren Hauptfeld die Kreuzigung Christi zeigt (Abb.2). Über die theologische Bedeutung des Kreuzestodes Christi, die Voraussetzung dieses prima vista vielleicht unangemessen erscheinenden Vergleichs ist, brauche ich keine Worte zu verlieren. Das Bild des Gekreuzigten gehört seit dem 5. Jahrhundert zum Kern des christlichen Bilderkanons. Unter bzw. neben dem Kreuz stehen häufig, wenn auch nicht immer, die nächsten Angehörigen Jesu, seine Mutter Maria, und sein Lieblingsjünger Johannes. Ihr mehr oder minder deutlich zum Ausdruck gebrachtes Klagen ist impliziter Teil der Kreuzigungsdarstellung.

Im Isenheimer Altar stehen nicht nur Maria und Johannes der Jünger und Evangelist, sondern auch Johannes der Täufer unter dem Kreuz, Maria Magdalena kniet zu Füßen des Kreuzes, und Sebastian und Antonius flankieren die Kreuzigungsszene auf den Seitenflügeln: Der Altar war vom Orden der Antoniter für eines seiner Spitäler im Elsass in Auftrag gegeben worden, in dem man nicht nur das so genannte „Antoniusfeuer", eine zum Abfaulen der Glieder führende Bluterkrankung behandelte, sondern auch Syphilis und Epilepsie. Der hl. Antonius wurde als Helfer gegen das Antoniusfeuer Beistand gegen die Pest, Johannes der Täufer und Johannes der Evangelist gegen die Epilepsie. Die in

das Spital aufgenommene Kranken wurden zuerst vor den Altar gebracht, in Erwartung einer Wundertat. Trat sie nicht ein, so wurde die
Behandlung begonnen. Der Zweck des – heute im Museum von Colmar aufgestellten – Isenheimer Altars ist somit außergewöhnlich: Er
hat nicht nur liturgische Bedeutung, sondern von seiner Wirkung auf
die Kranken wird auch eine Heilswirkung im buchstäblichen Sinn erwartet.

Daraus erklärt sich nicht zuletzt die furchtbare Eindringlichkeit der
Darstellung des Leidens Christi, die mit Worten kaum adäquat zu beschreiben ist. Dementsprechend expressiv wird auch die Klage der unter dem Kreuz Trauernden geschildert: In schmerzvoller Verzweiflung
ist der Leib der Maria Magdalena geborgen, sind die Arme hochge-
reckt, die Hände krampfhaft gerungen. Links hinter ihr steht Maria in
fahlem Weiß, nicht vom Schmerz geschüttelt, sondern völlig in sich erstarrt, totenblass, vom Jünger Johannes umfasst und gestützt, der sich
ihr mitleidend zuwendet. Die gerade in ihrem Kontrast ausdrucksstar-
ke Klage der beiden Marien erfährt durch die Gegenwart des scheinbar
unbeteiligten Johannes des Täufers auf der anderen Seite des Kreuzes
eine weitere – formale wie inhaltliche – Steigerung: Er, der zum Zeitpunkt der Kreuzigung schon enthauptet war, schaut nicht auf Christus,
sondern an ihm vorbei, über den Bildraum hinaus. Mit mächtigem Finger zeigt er auf Christus und unterstreicht damit seine Prophetie: „Illum
oportet crescere, me autem minui" (Jener muss bedeutender, ich aber
geringer werden). Zwischen seinen Füßen und dem Kreuzesstamm ein
Lamm, dessen Herzblut in einen Messkelch tropft und das mit dem
rechten Vorderbein ein Holzkreuz umfasst: Es ist Attribut des Täufers,
aber zugleich Symbol Christi, das die unblutige Fortsetzung seines Op-
fertodes im Messopfer bedeutet.

Durch die Figur des vom Lamm begleiteten Täufers wird dem au-
genblicklichen Geschehen der Marter des Heilandes die Vision von der
künftigen Wirksamkeit des Wortes, seinem künftigem Triumph in der
Auferstehung (die auf der folgenden Altartafel tatsächlich zu sehen ist)
hinzugefügt. Matthias Grünewald, über den wir so wenig wissen, ist es
hier gelungen, den Gegensatz zwischen irdisch-vordergründigem
Schein und tiefer geistiger Wirklichkeit mit künstlerischen Mitteln aufs
Äußerste zu steigern.

Die Kreuzigungsszene wird durch die Darstellung der Beweinung bzw.
Grablegung Christi auf der Predella thematisch fortgeführt. Abermals

verkörpern Maria, Johannes und Maria Magdalena verschiedene Ausdrucksformen des Schmerzes und der Klage, wenngleich insgesamt
weniger expressiv als unter dem Kreuz.

Die Bildgeschichte der Beweinung Christi ist ein kunsthistorisch viel-
schichtiges, sowohl stilgeschichtlich wie ikonographisch äußerst facet-
tenreiches Thema. Unter dem hier zu skizzierenden Aspekt der Klage
betrachtet, finden wir im Lauf der Kunstgeschichte geradezu ein Kom-
pendium von Darstellungsmöglichkeiten, die von der expressiven Kör-
persprache bis hin zum subtilen Gebärdenspiel reichen. Als künstlerischer Meilenstein gilt Giottos Darstellung in der Arenakapelle in Padua
(1303): Niemals zuvor ist die Beweinung Christi mit einem derartigen
Pathos interpretiert worden (Abb.5): Die Blicke aller Klagenden sind
auf Maria gerichtet, die ihren toten Sohn mit zärtlicher Gebärde hält.
Ihr stummes Weinen verwandelt sich bei der neben ihr stehenden Martha in Schluchzen. Die frommen Frauen halten das Haupt und die Hände, Maria Magdalena die Füße des Toten. In ihren Gebärden repräsen-
tieren die Figuren Giottos unterschiedlichste Ausdrucksformen des
Schmerzes: verhalten Nikodemus und Joseph von Arimathäa rechts im
Bild, kontrastiert von der pathetischen Geste des Jüngers Johannes, der
sich mit nach hinten ausgebreiteten Armen über den Toten beugt – eine
für das beginnende 14. Jahrhundert ebenso kühne Darstellung wie der
stumme Schmerz der beiden von hinten gezeigten kauernden Frauen.

Im Vergleich zu Giottos Fresko, das aus den schnörkellosen Volumina
und einfachen Gesten der Figuren seine Monumentalität gewinnt, ist
das auf Holz gemalte Ölbild des Rogier van der Weyden trotz seiner
vergleichsweise großen Dimension (220 x 262 cm) und seiner klaren
Komposition vor allem durch einen unerhörten Detailreichtum geprägt
(Abb.3). Dementsprechend finden wir hier Schmerz und Klage nicht
nur in den Körperhaltungen, sondern mehr noch in den Gesichtern der
handelnden Personen ausgedrückt, die alle Schattierungen von gefas-
stem Ernst bis zu offener Verzweiflung umfassen. Ein besonders ein-
drucksvolles Beispiel für diesen Realismus der altniederländischen
Malerei ist die schmerzerfüllte Frau – vielleicht Maria Salome – hinter
dem rot gekleideten Johannes: Sie reflektiert das Haltungsmotiv der
weinenden Maria Magdalena ganz rechts auf der Tafel in einer zurück-
genommenen, weniger extrovertierten Form. Trotzdem hat der Künst-
ler gezeigt, wie der übergroße Schmerz die Ordnung durcheinander

bringt: Die Frau hat das Tuch von der uns zugewandten Seite ihrer komplizierten Haube, das eigentlich ordentlich auf die Schulter herabhängen sollte, über ihren Kopf auf die abgewandte Seite gezogen und benutzt ein Ende als Taschentuch, um ihre Tränen zu trocknen (Abb.4).

Gut eineinhalb Jahrhunderte später wird die Grablegung Christi bei Caravaggio, einem der Begründer der römischen Barockmalerei, zur theatralischen Szene, deren Protagonisten gleichwohl einfache Leute aus dem Volk zu sein scheinen. Ihre alltäglichen Gesten und ihre natürliche Menschlichkeit drücken durch Caravaggios neue Art, Figuren zu konstruieren und Licht und Schatten gegeneinander zu setzen, höchste emotionale Anspannung aus (Abb.6).

„Eine Bilderzählung wird dann das Gemüt bewegen, wenn die darin gemalten Personen ihre eigene Gemütsbewegung heftig ausdrücken", hatte Leon Battista Alberti, der große Kunsttheoretiker der Renaissance, 1435 in seinem Traktat über die Malerei formuliert. Dass Rogier van der Weyden, dessen Beweinung ungefähr damals entstanden ist, von Albertis Theorien gewusst hat, ist zwar kaum wahrscheinlich, doch dass diese Gedanken im frühen Seicento und damit auch für Caravaggio längst selbstverständlich waren, ist kaum zu bezweifeln.

Einer der ersten, der Albertis Kunstprogramm realisiert hat, war der schon von Dürer hochgeschätzte venezianische Maler Giovanni Bellini. In der ältesten, noch aus dem 15. Jahrhundert stammenden Nachricht über dieses heute in der Mailänder Brera aufbewahrte Gemälde (Abb.7) ist von einer Tafel die Rede, „auf der das Bildnis (imago) unseres Herrn und Heilands Jesus Christus als Toter, den man vom Kreuz abnahm, in der Bildformel der Pietà (in formam pietatis) gemalt ist." Auf die Entstehung dieses Bildtyps, der mit dem Thema der Klage eng zusammenhängt, komme ich noch zu sprechen. Hier sei zunächst aber die Aufmerksamkeit auf den kleinen Papierstreifen (cartellino) an der Front der Marmorbrüstung gelenkt, hinter der die Figuren von Christus, Maria und Johannes aufragen – wobei die linke Hand der Hauptfigur wie zufällig den Blick auf diese Stelle fixiert, in der offensichtlich der Schlüssel zum Bildprogramm liegt: „Sobald die (vom Weinen) geschwollenen Augen die Klagen hervorbrechen ließen, konnte das Werk des Giovanni Bellini weinen" (Haec fere quum [cum] gemitus turgentia lumina promant / Bellini poterat flere Joannis opus). Mit diesem an

einer Grabinschrift des antiken Dichters Properz orientierten Worten
wird der Anspruch erhoben, dass der Betrachter des gemalten Bildes
ebenso erschüttert wird wie der antike Leser durch die Lektüre des Epi-
gramms. „Was damals die Dichtkunst vermochte, soll nun auch die
Malkunst anstreben" (Belting). Es bedarf der verweinten Augenlider
der beiden Assistenzfiguren, um die Sprachfähigkcit und damit den
Ausdruck des Bildes voll auszuschöpfen. Die von den beiden Haupt-
personen etwas abgerückte, aus dem Bild blickende Figur des Johannes
stellt eine Verbindung zum Betrachter her – und befolgt damit Albertis
Rat an die Maler, den Betrachter durch Mimik und Gestik in das Geschehen einzubeziehen.

Auch wenn sich derlei kunsttheoretische Subtilitäten nur den gebilde-
ten Humanisten der Renaissance erschlossen haben: Die Trauer um den
toten Christus gehört zu den zentralen Themen der christlichen Kunst
und führte zu Bildschöpfungen, die sich zu Typen verfestigten. Deren
wichtigste ist das auch Pietà genannte Vesperbild: Aus der Bewei-
nungsgruppe werden die trauernde Muttergottes und ihr toter Sohn isoliert. Während der italienische Name „Pietà" vom mittellateinischen
Wort „pietas" (=Erbarmen, Liebe) stammt, verdankt dieser Bildtypus
seinen deutschen Namen „Vesperbild" der geistlichen Stundenteitei-
lung gemäß der Passion, wonach Kreuzabnahme und Beweinung
Christi in die (abendliche) Vesperstunde fallen. Die Verbreitung dieses
meist plastischen Bildtyps hängt u.a. mit dem Brauch zusammen, den
Tagesablauf mit einer Marienandacht zu beschließen. Der im 14. Jahrhundert im deutschsprachigen Raum entstandene Darstellungstypus
greift zweifellos auf literarische Wurzeln zurück und weist Parallelitä-
ten zu liturgischen Passionsspielen auf. Seine theologischen Quellen
aber reichen bis zu den byzantinischen Marienklagen zurück. Das Vesperbild war sowohl Marienbild, nämlich das Bild der Marienklage, als
auch Christusbild, das der Verehrung der Fünf Wunden als Zeichen der
göttlichen Liebe dient. Als Kult- wie Andachtsbild, das sowohl in Kir-
chen als auch in privaten Räumen aufgestellt wurde, bot es dem Betrachter vielfältige Identifikationsmöglichkeiten.

Das nach seinem ehemaligen Besitzer als „Pietà Röttgen" bezeichnete
Vesperbild (Abb.8), das um die Mitte des 14. Jahrhunderts im Mittel-
rheingebiet entstanden ist, macht in seiner Drastik unmittelbar an-
schaulich, dass – so formulierte es der wortmächtige Kunsthistoriker

Wilhelm Pinder – „die Marienklage der reinste Ausbruch nackten menschlichen Gefühls ist."

Der Typus der Pietà erfuhr eine Reihe von Variationen, deren Formen mit einer jeweils anderen inhaltlichen Akzentuierung korrespondieren: So klingt im bisweilen auffälligen Größenunterschied zwischen Maria und dem toten Christus deutlich das Motiv der Gottesmutter mit dem kleinen Jesus auf ihrem Schoß nach. Die oft kaum mehr merkliche Trauer im Gesicht Mariens ist nicht nur Ausdruck eines zurückhaltenden künstlerischen Temperaments, sondern auch Folge eines verschobenen Bedeutungsgehaltes, der die Trauer der Mutter über den Tod ihres Sohnes mit der Freude über die vollbrachte Erlösung verbindet. Die – im Messopfer wiederholte – Präsentation Christi wird mit der Rückerinnerung an das Glück über die Ankunft des Erlöserkindes gekoppelt. Daraus ist erklärbar, dass die Muttergottes manchmal jünger oder jedenfalls kaum älter zu sein scheint als der vom Kreuz abgenommene Christus.

Das berühmteste Beispiel dafür ist zweifellos die heute im Petersdom in Rom aufgestellte überlebensgroße Marmorskulptur des 23-jährigen Michelangelo Buonarroti, die Maria als junge Frau zeigt, die ihr zeitlos schönes Gesicht sanft über den leblosen Körper in ihrem Schoß neigt (Abb.9). Michelangelos Zeitgenosse Vasari schreibt darüber: „Kein Toter kann totenähnlicher sein als diese Gestalt. Und doch sind alle Glieder von seltener Schönheit. Unendlich mild ist der Ausdruck des Gesichts. Das Geäder unter der Haut ist so kunstvoll wiedergegeben, dass man niemals genug erstaunen kann, wie die Hand eines Künstlers so göttlich Schönes schaffen konnte." Die Bedeutung dieser Gestalten charakterisiert Michelangelo also durch die nach menschlichen Maßen vollendete, d. h. göttliche Schönheit. Nicht mehr der Schmerz als Voraussetzung der Erlösung, sondern die Schönheit als ihr Ergebnis tritt uns entgegen.

Ein halbes Jahrhundert später, gegen Ende seines Lebens, ist es nicht mehr die Schönheit, sondern der Tod, um den Michelangelos Gedanken und Schaffen kreisen. Die unvollendet gebliebene Pietà (Abb.10), zu deren Füßen er sich begraben lassen wollte, lässt deutlich ihr Herkommen von der Darstellung der Kreuzabnahme erkennen. Der darstellerische Akzent liegt aber nicht so sehr auf der erzählerischen Wiedergabe der Kreuzabnahme als vielmehr auf dem zeitlosen Bild eines Toten, den seine Lieben beklagen. Die Gestalten lassen sich nicht mehr von dem ausgemergelten Toten isolieren, sondern sind in Angst, Not und Schmerz zu einem einzigen Gebilde verschmolzen.

Noch sechs Tage vor seinem Tod hat Michelangelo schließlich an der so genannten Pietà Rondanini (Abb.11) gemeißelt, in der die Gottesmutter in höchster Angst und Qual sich an den Leichnam ihres Sohnes klammert. Kaum ist noch zu erkennen, wer hier wen hält, die Mutter den ausgezehrten Leichnam des Sohnes oder dieser die im Schmerz zusammensinkende Frau – Bitte und Klage zugleich.

Mit dieser verinnerlichten und individualisierten Darstellung erreicht Michelangelo einen Extrempunkt, von dem aus die Entwicklung dieses – damit keineswegs abgeschlossenen – Bildtypus nur wieder zu traditionelleren Formen zurückkehren konnte. Allerdings setzte man nun, im Barock, von den antiken Genien hergeleitete engelsgleiche Kinderfiguren, die Putten, zur Ausschmückung und Betonung der Darstellungsinhalte ein. Seiner 1763 entstandenen Pietà in der ehemaligen Augustinerchorherren-Stiftskirche Weyarn (Abb.12), einem Meisterwerk der Schnitzkunst und Fassmalerei zugleich, fügt Ignaz Günther einen Engelsputto bei, der herzzerreißend wehklagt und vor Schmerz zu zerfließen scheint (Abb.13). So vermittelt er die rechte Gefühlsstimmung vor diesem Bildwerk. „Der Gläubige soll spontan einstimmen in die Trauer des Puttos" (Hansmann).

Der Umstand, dass Kinder ihre Gefühlsregungen meist unkontrollierter und damit besser ablesbar zur Schau stellen als Erwachsene, erklärt unter anderem die Beliebtheit von Putten zumal im Barock, dessen Kunst mehr als die vorangegangener Epochen Ausdruck von Empfindungen sein wollte. So spielen Putten oft die Rolle von „Dolmetschern des Gefühls" – nicht nur bei Themen der christlichen Ikonographie.

Wie sehr man gerade im Barock eine expressive Mimik zum eigentlichen Träger der Bildinhalte gemacht hat, mag ein Beispiel andeuten, mit dem wir von der christlichen Ikonographie in die der klassischen Mythologie wechseln: In der Dresdner Gemäldegalerie hängt ein frühes Bild von Rembrandt (Abb.14), auf dem ein Kleinkind zu sehen ist, das ein dunkel-drohender Raubvogel brutal am Hemd gepackt hat, um es in die Lüfte zu entführen. Der Knabe ist erschreckt, Weinen verzerrt sein Gesicht, und vor lauter Angst ist er – wie man deutlich sehen kann – nicht mehr Herr seiner Körperfunktionen. Natürlich wissen wir, dass es sich dabei um den Raub des Ganymed handelt, einen der Söhne des Trojanerkönigs Tros, den Zeus zum Mundschenk begehrte und in Gestalt eines Adlers in den Olymp entführte.

Vergleicht man das Bild Rembrandts mit einer – freilich ein Jahrhundert zuvor entstandenen – Darstellung derselben Geschichte durch den italienischen Renaissancemaler Correggio (Abb.15), so fällt, von allen stilistischen Unterschieden einmal abgesehen, zweierlei auf: Ganymed ist kein pausbäckiges Kind mehr, sondern ein schöner Jüngling; und dieser Jüngling ist nicht erschreckt, sondern allenfalls erstaunt ob seiner Entführung, die er als interessantes Abenteuer zu betrachten scheint.

Ich will hier nicht näher eingehen auf die verschiedenen Deutungsmöglichkeiten, die von einer Interpretation des Ganymed als begehrtem Bettgenossen Jupiters über Ganymed als allegorische Personifikation des früh verstorbenen Kindes, dessen reine Seele sich in Gott erfreut, bis hin zu Ganymed als Symbol des wasserspendenden Winters und damit der Wachstumskraft reicht. Entscheidend in unserem Zusammenhang ist jedenfalls, dass Mimik ein entscheidender Träger der Bildaussage ist.

Nach dem bisher Gesagten und Gezeigten darf man den – nahe liegenden – Schluss ziehen, dass Mimik und Gestik als zwei elementare Äußerungsmöglichkeiten des Menschen durch die gesamte Kunstgeschichte in wechselnder Intensität und Gewichtung auch das Bild der Klage bestimmen. Die christliche Ikonographie als besonders bildprägender Faktor der abendländischen Kunstgeschichte fand zumal in der Pietà jenen Darstellungstypus, in dem Inhalte der christlichen Heilsgeschichte und menschliche Elementarempfindungen untrennbar zusammenfließen. So kann die Pietà als exemplarisches Bild der Klage gelten.

Natürlich gibt es daneben sowohl in der christlichen Ikonographie als in der klassischen Mythologie und auch in anderem Kontext, etwa in historischen Szenen, Themen, die den Ausdruck der Klage verlangen und diese innerhalb der vorhin skizzierten Bandbreite von Mimik und Gestik zum Ausdruck bringen.

So schildert Raffael in der vatikanischen Stanza dell'Incendio, in der

er im Auftrag Papst Leos X. historische Ereignisse dargestellt hat, in
denen Päpste mit dem Namen Leo eine wichtige Rolle gespielt haben,
unter anderem den so genannten Borgobrand (Abb.16) – eine Feuers-
brunst, die im Jahr 847 in den Häusern des römischen Stadtviertels vor
der Petersbasilika ausgebrochen war und auf wunderbare Weise von
Papst Leo IV. gelöscht worden sein soll. In dieses berühmte Fresko,
dessen einzelne Bildelemente späteren Künstlern immer wieder als An-
regung gedient haben, wird der Betrachter durch eine in der Bildmitte
kniende Frau förmlich hineingezwungen. Sie hat ihre Arme in einer
Geste des Flehens und der Klage hochgerissen und stimmt damit qua-
si leitmotivisch das Thema der hier geschilderten dramatischen Ereignisse an.

Zwischen extrovertierter Klage und introvertiertem Brüten schwanken
die ebenfalls primär durch Körperhaltung und Gestik zum Ausdruck
gebrachten Empfindungen im großformatigen Gemälde des französischen Klassizisten Jacques-Louis David, das eine tragische Geschichte
aus der Frühzeit der römischen Republik schildert (Abb.17): Lucius Ju-
nius Brutus, der Sage nach der Befreier Roms von der Herrschaft der
Tarquinier, ist der erste römische Konsul. Seine Söhne haben sich mit
dem exilierten König gegen die junge römische Republik verschworen.
Daraufhin ordnet der Vater ihre Hinrichtung an und lässt sie öffentlich
vollstrecken. David zeigt nicht diesen dramatischen Höhepunkt der
Tragödie, sondern die Szene danach, in der Liktoren auf geschulterter
Trage die Leichen der hingerichteten Söhne in das Haus des Brutus
bringen. Hier empfangen Mutter und Schwestern, in helles Licht ge-
taucht, die Toten in aufgewühlter Klage, heftig gestikulierend. Dagegen sitzt Brutus, der Vater, links vorne im Schatten, in dumpfem
Schmerz erstarrt.

Wie zeitlos, d. h. über historische Epochen und ihre Stile hinweg und unabhängig von ihrem Anlass gültig, gewisse markante Gesten des
Schmerzes und der Klage sind, mögen drei Beispiele belegen, die belie-
big vermehrt werden könnten: Ich meine die an den Kopf gelegte Hand,
die das Gesicht teilweise verdeckt. In einem wenig bekannten Gemälde
von Giorgio de Chirico aus dem Jahr 1923 (Abb.18) drückt sie das bis
zum Wahnsinn gehende Entsetzen des Orest aus, der auf Betreiben seiner Schwester Elektra aus Rache für den Mord an ihrem aus Troja heim-
kehrenden Vater Agamemnon seine Mutter Klytaimnestra getötet hatte.

Mit eben dieser Geste bringt ein Verdammter in Michelangelos „Jüngstem Gericht" seine hoffnungslose Verzweiflung zum Ausdruck (Abb.19). Vierhundert Jahre liegen zwischen diesen beiden Bildern. Und weitere dreihundert Jahre zuvor, in dem von Meister Gislebertus geschaffenen Gerichtstympanon der Kathedrale von Autun, drückt sich stumme Klage in der gesamten Körperhaltung eines Verdammten aus, der seine Hände voller Verzweiflung vors Gesicht schlägt (Abb.20).

Klage ist also ein Ausdruck menschlicher Befindlichkeit, der an die Grenzen unserer Existenz rührt. Sie formuliert das elementare Erlebnis von Verlust und Hoffnungslosigkeit einerseits mit allen Mitteln extrovertierter Expression, führt andererseits aber auch oft zur völligen Introvertiertheit des Schweigens. Es gehört zu den Kulturleistungen des Menschen, kaum erträglich Scheinendes durch ein Zeremoniell zu bewältigen, das die ausufernden Emotionen durch einen festen Rahmen begrenzt oder durch ein stellvertretendes Ritual sublimiert. Diese Rituale, deren Zeugnisse sehr weit in die Menschheitsgeschichte zurückreichen, bedienen sich eben jener breiten Palette von Ausdrucksmöglichkeiten, die von stummer Trauer bis zur lauten Klage reichen.

Aus der Antike kennen wir die rituelle Totenklage, die von Klageweibern gewerbsmäßig ausgeübt wurde und in den Trauergesängen bis in unsere Zeit fortlebt. Eines der relativ seltenen Bildbeispiele für die antike Totenklage stammt von einem mykenischen Sarkophag des 13. vorchristlichen Jahrhunderts und zeigt die formierte Kleidung und ausladende, aber ritualisierte Gestik der Klageweiber. Als Nachkommen der vorhellenischen Klagefrauen, aber auch als Vorläuferinnen der mittelalterlichen Pleurants gelten die schönen Figuren des um die Mitte des 4. vorchristlichen Jahrhunderts entstandenen „Klagefrauen-Sarkophags" aus Sidon (Abb.21), die ihren „Kummer in mannigfacher Abwandlung, von tiefer Niedergeschlagenheit, bis zu stillem Nachsinnen, zum Ausdruck bringen" (Panofsky). Von stiller, gleichwohl zeremoniell gefasster Trauer geprägt sind die Figuren der berühmten Grabtumba Herzog Philipps des Kühnen von Burgund (Abb.22), die Claus Sluter und sein Neffe Claus de Werve geschaffen haben. Noch zu Lebzeiten des Herzogs in Auftrag gegeben, sind die marmornen Pleurants in den kunstvollen Arkaden der Grabtumba wahrscheinlich ein realistisches Abbild jener Trauerprozession, die 1404 nach dem Tod Philipps in den Niederlanden die Überführung seiner sterblichen Reste nach Dijon begleitet hat. Wiewohl äußerst individuell und lebendig gestaltet, sind diese Pleurants in ihrer Gesamtheit weniger Ausdruck persönlichen Leids als vielmehr offizieller Trauer.

Demgegenüber – und damit kehre ich ins zwanzigste Jahrhundert zurück, von dem diese Skizze ihren Ausgang genommen hat – drückt eine schier endlose Zahl knieender Frauen in einem Meer von Gefallenen keineswegs zeremonielle Trauer, sondern vielmehr kollektives Leid aus, das gleichwohl jede einzelne existentiell betrifft. In einer 1937 entstandenen Tuschzeichnung verurteilt der belgische Graphiker Frans Masereel wie in vielen anderen Zeichnungen und Holzschnitten die „Abscheulichkeit und Ungeheuerlichkeit dessen, was man Krieg nennt" (Abb.23).

Die in sich gekehrte, verschlossene Haltung als intimster Ausdruck der Klage prägt auch die Gestalten des „Trauernden Elternpaares", das Käthe Kollwitz als privates Denkmal für ihren im Ersten Weltkrieg gefallenen Sohn konzipiert und schließlich als Denkmal für alle Kriegsgefallenen realisiert hat. Eine Kopie dieser heute auf einem Soldatenfriedhof in Flandern aufgestellten Skulpturen, die die Züge der Künstlerin und ihres Mannes tragen, wurde 1959 in der Ruine der im Zweiten Weltkrieg zerstörten Kölner Kirche St. Alban aufgestellt (Abb.24). Dieses Bildnis der „Trauernden Eltern", deren individuelle Züge gleichwohl für alle Menschen stehen und die die trotz aller zivilisatorischen Fortschritte nicht abebbenden Gräuel unserer lauten Zeit gerade in ihrer stummen Trauer so eindrucksvoll anklagen, soll diese zwischen die Pole von Dramatik und Stille gestellten Bilder der Klage beschließen.

Literatur:

Belting, Hans: Giovanni Bellini Pietà. Ikone und Bilderzählung in der venezianischen Malerei, Frankfurt/M. 1985

Claussen, Peter Cornelius: Der Schmerz der Bilder, in: Magazin UniZürich 4/2000, 57–60

Hansmann, Wilfried: Putten, Worms 2000

Imdahl, Max: Picassos Guernica, Frabnkfurt/M. 1985

Panofsky, Erwin: Grabplastik. Vier Vorlesungen über ihren Bedeutungswandel, 2. Aufl. Köln 1993

Pinder, Wilhelm: Die dichterische Wurzel der Pietà, in: W.P.: Gesammelte Aufsätze, Leipzig 1938, 29–49

Trummer, Thomas: Trauer. Bilder und Texte, in: Trauer, hgg. Atelier Augarten, Wien 2003

Abb. 1: Pablo Picasso: Guernica, 1937;
Madrid, Museo Nacional de Arte Reina Sofia

Abb. 2: Matthias Grünewald: Isenheimer Altar, geschlossener Zustand, 1512–16;
Colmar, Museum Unterlinden

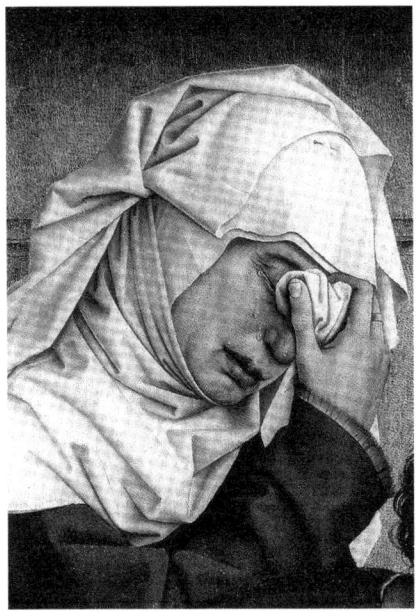

Abb. 4: Rogier van der Weyden: Kreuzabnahme, Detail: Trauernde

Abb. 3: Rogier van der Weyden: Kreuzabnahme, um 1435/40; Madrid, Prado

 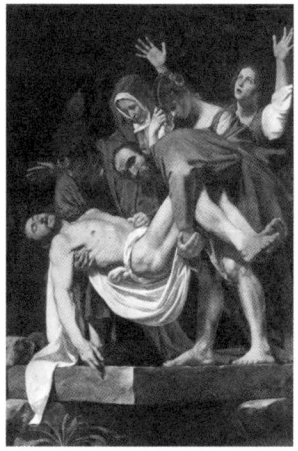

Abb. 5: Giotto: Beweinung Christi, 1303;
Padua, Scrovegni-Kapelle

Abb. 6: Caravaggio: Grab-
legung, um 1600/1604;
Pinacoteca Vaticana

Abb. 7: Giovanni Bellini: Pietà, nach 1470;
Mailand, Brera

 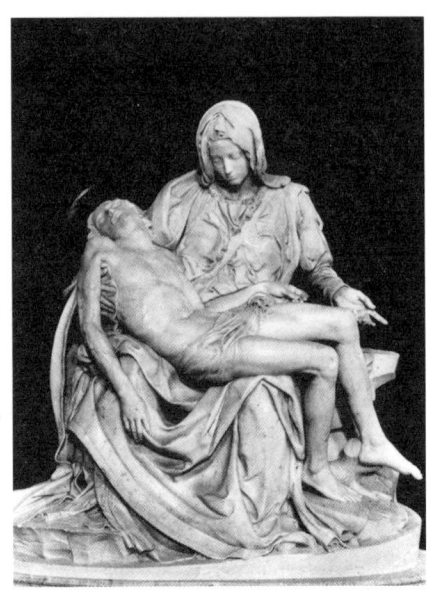

Abb. 8: Vesperbild (sog. Pietà   Abb. 9: Michelangelo Buonarroti:
Röttgen), mittelrheinisch, um   Pietà, 1498–99;
1300/50; Bonn, Landesmuseum   Rom, St.Peter

Abb. 10: Michelangelo Buonarroti: Abb. 11: Michelangelo Buonarroti:
Pietà, 1550–55;   Pietà Rondanini, 1552–64;
Florenz, Dom   Mailand, Castello Sforzesco

 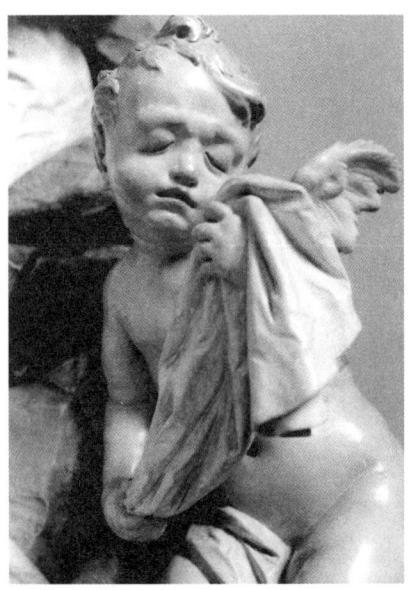

Abb. 12: Ignaz Günther: Pietà, 1763; Weyarn, ehem. Augustiner-Chor-herrenkirche

Abb. 13: Ignaz Günther: Pietà, Det.: Weinender Putto

Abb. 14: Rembrandt: Raub des Ganymed, 1635; Dresden, Gemäldegalerie

Abb. 15: Correggio: Raub des Ganymed, um 1530; Wien, Kunsthistorisches Museum

Abb. 16: Raffael: Der Borgobrand, 1514;
Vatikan, Stanzen

Abb. 17: Jacques-Louis David: Die Liktoren bringen Brutus die Leichen sei-
ner Söhne zurück, 1789; Paris, Louvre

Abb. 18: Giorgio
de Chririco:
Orest und Elektra,
1923; Privatsammlung

Abb. 19: Michelangelo
Buonarroti: Jüngstes Gericht,
Det: Verdammter; 1523–34;
Vatikan, Sixtinische Kapelle

Abb. 20: Meister Gislebertus:
Jüngstes Gericht,
Det.: Verdammter; um 1130/40;
Autun, St-Lazare, Tympanon

Abb. 21: Trauernde Frauen vom sog. „Klagefrauensarkophag", um 360
v.Chr.; Istanbul, Archäologisches Museum

Abb. 22: Claus Sluter und Claus de Werve: Pleurants vom Grabmal Philips
des Kühnen, um 1404/05; Dijon, Musée des Beaux-Arts

*Abb. 23: Frans Masereel: „Op Aarde", Tusche, 1937;
Paris, Musées Nationaux*

*Abb. 24: Käthe Kollwitz: Trauerndes Elternpaar, 1915–32 (Nachbildung
1954); Köln, St.Alban*

Die religiöse Dimension der Klage

Paul van Heyster

Am Anfang sucht die Trauer keinen Trost;
klagend bricht der Trauernde auf

Vom Menschen in seiner ganzheitlichen Gefährdung, in seiner Heilungs- und Heilsbedürftigkeit, von seiner trostlosen Trauer und von seinen Möglichkeiten, aus seiner Erstarrung aufzubrechen, ist die Rede.

Da die depressive Einengung des menschlichen Daseins, der übermächtige körperliche Selbstvernichtungsdrang, die seelische Vereinsamung wie die geistige Sinnleere, für den sog. gesunden Menschenverstand so schwer zu verstehen ist, zitiere ich die Worte von J.W. v. Goethe, der in seinem „Faust" diesen Zustand treffend beschreibt: *Nur mit Entsetzen wach ich morgens auf, / Ich möchte bittre Tränen weinen, / Den Tag zu sehn, der mir in seinem Lauf / Nicht e i n e n Wunsch erfüllen wird, nicht e i n e n … / Und so ist mir das Dasein eine Last, / der Tod erwünscht, das Leben mir verhasst.*

In dieser Notlage bedürfen wir der Aufklärung durch Fachleute, dass es sich bei der „Depression" um ein phasenhaftes Geschehen handelt. Dank des wissenschaftlichen Fortschritts auf dem Gebiet der hirnphysiologischen und pharmakologischen Forschung ist es möglich geworden, dem Patienten primär eine wirksame medikamentöse Hilfestellung zu geben.

In diesem Zusammenhang darf ich auf Herrn Professor Roland Kuhn hinweisen, der unsere Tagungsreihe „Psychiatrie und Seelsorge" vom Beginn an begleitet hat und auch heute wieder referieren wird. Ihm verdanken wir die Erfindung der Antidepressiva. Seine Forschungen zeichneten sich stets durch besondere Patientennähe aus. Wie kaum ein anderer kennt er die Gefahren einseitiger medikamentöser Heilungsverfahren und plädiert in seiner leidenschaftlichen Weise für die ganzheitliche Wahrnehmung des erkrankten Menschen.

Für das bessere allgemeine Verständnis psychiatrischer Erkrankung ist der weitgehende Wegfall ihrer Tabuisierung in unserer heutigen Gesellschaft von wesentlicher Bedeutung. Dabei leisten auch die Medien eine nicht zu unterschätzende Aufklärungsarbeit.

Gerade in diesen Tagen ist in der deutschen Wochenzeitung „Die Zeit" ein wichtiger Artikel mit der Überschrift *„Wenn das Ich erstarrt"* erschienen. Er spricht von einer epidemischen Ausbreitung von Depressionen. Über vier Millionen Deutsche sind depressiv erkrankt. Die Weltgesundheitsorganisation (WHO) hält die Schwermut bereits für eine Volkskrankheit. Die Zahlen steigen nicht nur in Deutschland, sondern auch in den U.S.A. Anfang des 21. Jahrhunderts haben sich dort 37 Prozent mehr Menschen wegen Depressionen behandeln lassen als 1980. An US-Hochschulen gilt heute jede sechste Studentin als krankhaft depressiv. Schon warnt die WHO, dass in den entwickelten Ländern keine andere Erkrankung – mit Ausnahme der Herz-Kreislauf-Leiden – heute mehr gesunde Lebensjahre koste. Schwermut schädigt nicht nur die Seele, sondern auch den Körper. Depressive sterben Studien zufolge drei- bis viermal häufiger an einem Schlaganfall oder nach einem Herzinfarkt als mental Gesunde, sie erkranken leichter an Osteoporose und können sich schlechter gegen Krebstumore wehren. Depressiv zu sein, schreibt die WHO in ihrem Jahresbericht 2001, beeinträchtige das Leben so sehr wie Blindheit oder Querschnittslähmung. In den hoch industrialisierten Ländern nehmen Depressionen ganz besonders zu.

Dieser Entwicklung in unserer Gesellschaft können wir kirchlicherseits nicht gleichgültig gegenüberstehen. Wir sind vielmehr aufgerufen, uns auf unsere eigene Tradition zu besinnen. Dabei stoßen wir auf den hl. Johannes von Gott, den Begründer des Ordens der Barmherzigen Brüder. Bereits im 16. Jh. erwies er sich als Vorkämpfer für eine Psychiatrie mit menschlichem Antlitz.

In den letzten Jahren können wir erfreulicherweise eine bescheidene Verbesserung seelsorglicher Arbeit auf dem Gebiet der Psychiatrie feststellen. Seit dem 2. Vatikanischen Konzil ist in der Kirche eine anthropologische Wende eingetreten. Die Hilfe in der Begegnung mit dem psychiatrisch erkrankten Menschen liegt darin, ihn empathischer zu begleiten anstatt einseitig an dessen Willen und Verstand zu appellieren.

Bei dieser neuen Möglichkeit religiöser Annäherung stoßen wir wiederum auf eine besondere Schwierigkeit, dass die Kranken einerseits auch von dem beängstigenden Glaubensschwund in unserer Gesellschaft nicht ausgenommen sind, andererseits durch ihre besondere Belastungssituation eingeschränkt sind, aktiv am religiösen Geschehen teilzunehmen. Überspitzt ausgedrückt: Je stärker sich die psychiatrische Krankheit ausbreitet, desto geringer zeigt sich die Erwartung der Betroffenen gegenüber dem Glaubensangebot. In meinen Gesprächen mit den PatientInnen höre ich Tag für Tag die Aussage: Herr Pfarrer, ich bin sehr wohl gläubig und bete auch, sonst hätte ich mich längst umgebracht. Von einem bewussten Bekenntnis kann in den überwiegenden Fällen kaum die Rede sein.

Ich hatte anfangs erwähnt, dass der Patient in seiner schlimmsten Phase zunächst gänzlich auf medizinische Hilfe angewiesen ist. Erst im Stadium der Genesung lässt er sich auf seine seelischen und geistigen Bedürfnisse ansprechen.

In der Sorge um die arme Seele erweist sich der berühmte Vers von Clemens von Brentano (1778 – 1842) als Leitfaden: *Die Sehnsucht, die so lange Tage nach Gott hier auf der Erde ging, als Träne, Lied, Gebet und Klage, sie ward Maria und empfing.*[1] Allein gelassen findet der Mensch keinen Zugang zu seiner Sehnsucht, der tiefsten Kraft seines Daseins. Er bedarf der Erfahrung, getragen, letztlich in die Heilsgeschichte Gottes mit den Menschen eingebettet zu sein. Im gemeinschaftlichen Erleben des Gottesdienstes wird ihm Geborgenheit zuteil. Krankensalbung und Bußsakrament wie das religiöse Gespräch bieten dem Kranken die Möglichkeit, sich aus seiner Isolation zu lösen. Er findet wieder zu seiner Sprache in Träne, Lied und Gebet.

In der Klage schließlich und nicht in fruchtlosem Jammern erfährt der Leidende die heilsame Kraft, sich seiner Not zu stellen. Die Klage entbindet, religiös gesehen, die heilenden und heiligenden Kräfte von Glaube, Hoffnung und Liebe und führt den Menschen zu sich selber, zu *Maria, die empfing.*

Nun möchte ich näher auf die einzelnen Phasen des Weges der Heilung und der Heiligung eingehen.

Am Anfang sucht die Trauer keinen Trost. Diese Worte habe ich dem Referat des großen Psychiaters H. Tellenbach entnommen, das er auf unserer 4. Tagung 1993 in Wien kurz vor seinem Tod unter dem Titel *Trauer – Schwermut – Melancholie* gehalten hat.[2] Er beschreibt uns sehr plastisch die Befindlichkeit des Trauernden wie des Melancholischen: „Wir sehen ihn von Gram gebeugt mit leidender Miene. Wir hören ihn weinen, stöhnen, seufzen und klagen. Wie ihm das Herz schwer ist, so senkt die Schwere all sein Denken, Fühlen, Gestimmtsein ins ontische Unten. Die Trauer drängt abwärts, schattenwärts … Die Trauer verdunkelt, umdüstert das Dasein. Das Gemüt verliert seine Durchsichtigkeit an die Trübsal. Aller Mut geht unter in der Verzweiflung … Das Leiden der Trauer kerbt die Spuren einer schmerzlichen Verarmung ins Leben … Der Traurige hat vergessen, was „Glück" ist. Glanz und Farbigkeit des Daseins sind geschwunden. Abmattung bestimmt das Kolorit. Am Anfang sucht die Trauer keinen Trost."

Durch diese erlebnismäßige Schilderung der trostlosen Trauer gewinnen wir eine empathische Nähe zum Patienten, die diesen stärkt.

Einen weiteren Schritt vollzieht Tellenbach, indem er auf die biblischen Berichte verweist, die ein Bild von der seelischen Versteinerung, der geistigen Ohnmacht und der Nichtigkeit des Menschen in der tief psychotischen Melancholie vermitteln. Im 17. Kapitel des apokryphen Buches der Weisheit im Alten Testament werden die Plagen der Ägypter beim Auszug aus Ägypten eindrucksvoll geschildert. Da ist die Rede von der Finsternis, die der melancholischen Verdüsterung nahe kommt: „Keine Kraft irgendeines Feuers war stark genug, Licht zu bringen; nicht einmal der strahlende Glanz der Gestirne vermochte es, diese entsetzliche Nacht zu erhellen. Über jene breitete sich drückende Nacht aus, doch mehr als unter der Finsternis litten sie unter ihrer eigenen Angst."

Die so beschriebene Verfinsterung des ganzen Daseins ist dem Erleben melancholischen Leidens sehr verwandt.

„…Die Melancholie ist eingekerkert in eine namenlose Angst, die ihn drängt, sich selbst zu vernichten. Es ist ein denaturiertes, pervertiertes Leiden, mit dem der Melancholische als etwas seinem Ich auferlegten Fremden, sich nicht identifizieren kann. Obwohl in tiefste Trauer versenkt, klagt er, nicht traurig sein zu können. Traurig steht er neben einer Traurigkeit, die er nicht als die seine empfindet. Dergestalt wird er in einer eisigen Verzweiflung festgehalten, deren Tilgung er nur von seinem Tod erwarten kann."

Für unser seelsorgliches Bemühen ist vor allem die Beobachtung H. Tellenbachs von großer Bedeutung, dass sich der Mensch nicht nur in der tiefen Psychose völlig der geistigen Wirklichkeit verschließt, sondern schon als typus melancholicus sowohl in künstlerischer wie in religiöser Hinsicht schwer ansprechbar ist. Demzufolge ist ihm auch kaum möglich, seine naturhafte Enge zu übersteigen. Es handelt sich bei ihm oftmals um ein unreflektiertes Festhalten an einer naturhaften Schicksalsverfallenheit. Der Leidende drückt seine Verzweiflung in den Worten aus: „Ich kann nicht mehr an einen gütigen Gott glauben." Der Weg aus der Angst besetzten Vereinzelung heraus bleibt ihm dadurch verstellt. Die Offenheit für die Transzendenz aber ist die unbedingte Voraussetzung dafür, dass er zu sich selbst findet, um klagend aufbrechen zu können.

Das letzte Ziel seiner geistigen und geistlichen Suche findet der Mensch im Absoluten. Als Christen bekennen wir uns zum Gott des alttestamentlichen und neutestamentlichen Volkes, das seine Not im Klagegebet vor Gott getragen hat. In der Erinnerung an Gottes Rettungstat hat es jeweils neu Trost und Kraft gefunden.

Auf diesem Hintergrund ist eine Untersuchung in den USA für uns sehr aufschlussreich, die zu dem Ergebnis kam, dass sich der Anteil der depressiv Erkrankten bei Kirchgängern um 50% senkt. Die kirchlichen Gemeinschaftsfeiern geben dem Einzelnen das Gefühl der Geborgenheit wie auch das Gefühl für eine sinnvolle Lebensgestaltung. Dabei dürfen wir die Beobachtung von W. James, dem berühmten amerikanischen Psychologen der Anfangsjahre des 20. Jahrhunderts, nicht überhören: „Der durchschnittlich gebildete Kirchgänger, so darf man behaupten, ahnt nichts von den tieferen Strömungen der Menschennatur."[3] Für die geistliche Begleitung wird folglich die Unterscheidung von lebendiger und rein äußerlicher Gläubigkeit sehr wesentlich.

Das Ringen des zur Depression neigenden Menschen um den lebendigen Glauben lernen wir vor allem bei den großen Persönlichkeiten S. Kierkegaard (1813–1855) und R. Guardini (1885–1968), auf die wir in unseren Tagungen häufig Bezug genommen haben, kennen. Nach Kierkegaard überfällt den Menschen die Schwermut in dem Augenblick, in dem ein tieferer Durchbruch von Geist zur Person- und Selbstwerdung führen sollte. In seinem Buch *Die Krankheit zum Tode*[4] spricht Kierkegaard von der acedia, der Verzweiflung der Schwachheit, als einer Vorstufe der eigentlichen Verzweiflung, die darin besteht, dass einer verzweifelt nicht er selbst sein will. Er verbindet seine Schwermut mit Gott und hofft, dass sie auf diese Weise gehoben wird und er dem christlichen Geheimnis näher kommt.

In der Tradition S. Kierkegaards steht R. Guardini. In seinem Büchlein *Vom Sinn der Schwermut*[5] schreibt er, dass es ihm nicht um eine psychologische oder psychiatrische, sondern um eine geistige Angelegenheit gehe. Für beide liegt die Lösung für die Not der Schwermut im Kreuz Christi. Guardini gesteht sich ein, dass die Depression nicht zu beseitigen, wohl aber ins Leben einzuordnen ist. Sie ist im innersten Sinn von Gott her anzunehmen.

Als Theologen bedürfen wir wieder der Korrektur unserer Sichtweise von psychiatrischer Seite. Der im vergangenen Jahr verstorbene Psychiater Paul Matussek, der ehemalige Leiter des Max Planck Instituts in München, der Guardini persönlich sehr gut kannte, hatte sich mit dessen Äußerungen auf einer unserer Tagungen in grundlegender Weise auseinander gesetzt.[6] Er verwies auf seinen langjährigen Umgang mit psychiatrisch Leidenden und kam zu dem Schluss: Diese Aussage, die Depression einzuordnen, habe manche Menschen das Leben gekostet. Ich kenne Fälle, fuhr er fort, wo sich Gebetstherapeuten aus bester Motivation heraus um den depressiven Kranken gekümmert und ihn zum Gebet, zum Lesen des Neuen Testaments oder ähnlicher religiöser Schriften angeleitet haben. Vom Gebet aber hatten sie expressis verbis oder non expressis verbis erwartet, dass die Depression bald vorbei geht. In nicht wenigen Fällen haben diese Kranken Selbstmord begangen. Die Depression im innersten Sinn von Gott her annehmen – hier euphemistisch ausgedrückt – das ist in der Depression äußerst schwer.

Es gibt auch Untersuchungen über das religiöse Empfinden während der Depression. Da kommt eines generell heraus: dass der Depressive in dieser Phase bestenfalls Leerformeln betet. Er hat vom Gebet nichts, er steht mit seinem Inneren auch nicht in Kontakt, er kann also auch nicht, wie Guardini das fordert, die Depression von Gott her annehmen.

Aus eigener Erfahrung möchte ich in diesem Zusammenhang anmerken, dass die in kirchlichen Kreisen früher häufig geäußerte Meinung, der Glaube schützt per se vor Depression, nicht bestätigt werden kann. Die menschliche Natur unterliegt nämlich ihrer ureigenen Gesetzmäßigkeit, in der depressiven Erkrankung eben der Schwere des Daseins. Ebenso ist dem Missverständnis entgegenzuwirken, der oberflächlich Glaubende wie der Ungläubige wären für den seelsorglichen Zuspruch unansprechbar. Zumindest in unserem christlichen Abendland ist das Verständnis, bewusst oder unbewusst, vorhanden, dass wir der Gnade und Erlösung bedürfen.

Ein behutsamer Umgang mit dem trauernden Menschen kann diesen zur Erneuerung des Vertrauens auf seine geistlichen Kräfte des Glaubens, der Hoffnung und der Liebe führen. Gestärkt in diesem Vertrauen weiß er sich in seiner Klage mit dem Gebet des biblischen Volkes verbunden und nimmt auf diese Weise am heilsgeschichtlichen Wirken Gottes teil. Er hört von seiner unvergleichlichen ewigen Würde. Gott selbst hält seine Hand über ihn: *Lasst uns den Menschen machen als unser Abbild, uns ähnlich… Gott schuf also den Menschen als sein Abbild; als Abbild Gottes schuf er ihn. Als Mann und Frau schuf er sie. Gott segnete sie … Gott sah alles an, was er gemacht hatte: Es war sehr gut (Gen 1,26–28.31).*

Alle und alles ist gut, sehr gut! –, auch und gerade für den Verzweifelten! Nun empfänglich für den Trost, kann der Trauernde klagend
aufbrechen.

In seiner Klage erfährt er die Nähe der großen biblischen Gestalten
Hiobs, Jeremias, des Psalmensängers David und der Urmutter des aus-
erwählten Volkes.

Seit meiner Kindheit berührt mich die Klage Rachels über ihre verlorenen Kinder, die der Prophet Jeremia niedergeschrieben hat (Jer 31,
15). Die Urmutter Israels hat alles verloren. Sie weint um die verlorene Zukunft ihres Volkes. Ihre Klage durchtönt die ganze Menschheitsgeschichte. In dieser Welt findet sie keinen Trost mehr. Gott allein
bleibt ihr Zufluchtsort. Noch heute kommt der Pilger vor den Toren Be-
thlehems an der Grabstätte Rachels vorbei. Bethlehem ist die Geburts-
stätte des Erlöserkindes, dem die Klage Rachels gilt. Wie Abram von
König Nimrod und Mose vom Pharao, so wird Jesus von Herodes töd-
lich bedroht: *Als Herodes merkte, dass ihn die Sterndeuter getäuscht*
hatten, wurde er sehr zornig. Er ließ in Bethlehem und in der ganzen
Umgebung alle Knaben töten … Damals erfüllte sich, was durch den
Propheten Jeremia gesagt worden ist: *Ein Geschrei ist in Rama zu hö-*
ren, / bitteres Klagen und Weinen. Rachel weint um ihre Kinder / und
will sich nicht trösten lassen, / denn sie sind nicht mehr (Mt. 2,16–18).

Mit dem jüdischen Sprachkenner F. Weinreb[7] können wir sagen, dass
die Mutter Rachel immer dort steht, wo ein Kind geboren wird. Sie
weiß, dass die Welt sich durch die Geburt des Kindes in ihrer Eigen-
mächtigkeit bedroht fühlt. Eine andere, nicht verfügbare Wirklichkeit
meldet sich an. Das Kind steht an der Schwelle des Diesseits zum Jenseits. In jedem Menschen stellt es die Verbindung von dieser zur ewigen Welt dar. Es lebt ganz im Glauben und Vertrauen auf die göttliche
Welt.

Wenn ihr nicht werdet wie die Kinder, könnt ihr nicht in das Him-
melreich kommen (Mt 18, 3). Mit diesen Worten verkündigt Jesus die
Botschaft vom Reich Gottes. Im Gebet an seinen Gott bezieht er uns
mit ein: *Abba, lieber Vater.*

Seine Botschaft von Gott als seinem und unserem Vater bedeutete
für die damaligen religiösen Führer eine einzige Provokation. Jesus
wurde der Gotteslästerung angeklagt und zum Tod am Kreuz verurteilt.
Er widersteht der Versuchung, vom Kreuz herabzusteigen und stirbt
mit der Klage auf den Lippen: *Mein Gott, mein Gott, warum hast du*
mich verlassen? (Mt. 27, 4).

Jesu Klage verhallt scheinbar ungehört. Betrachten wir Jesus als Glied seines Volkes, als messianische Antwort Gottes auf die Sehnsucht der Menschen, so eröffnet sich uns eine jahrtausendealte Gebetstradition. Jesus betet das Psalmlied Davids in seiner aramäischen Volkssprache (Ps. 22,2). Der zweite Teil des Gebetsverses verstärkt noch die Gottverlassenheit: *bist fern meinem Schreien, den Worten meiner Klage?* Durch die Erinnerung an Gottes Rettungstat an den Vätern gewinnt der Klagende neues Vertrauen: *Aber du bist heilig, du thronst über dem Lobpreis Israels. Dir haben unsere Väter vertraut, sie haben vertraut, und du hast sie gerettet (Ps. 22, 4f.).*

Jesus gewinnt sein kindliches Vertrauen wieder dank seines Glaubens an sein Eingebettetsein in die Heilsgeschichte Gottes. So überliefert uns der Evangelist Lukas von Jesu letztem Wort am Kreuz: *Vater, in deine Hände lege ich meinen Geist (Lk. 23, 46).* Wiederum betet Jesus den Psalm seines Volkes: (Ps. 31, 6). Dem Evangelisten Johannes schließlich verdanken wir Jesu „Testament". Im Abschiednehmen von seiner Mutter und seinem Lieblingsjünger Johannes vertraut er sie einander an: *Frau, siehe dein Sohn! Siehe, deine Mutter!* Von jener Stunde an nahm sie der Jünger zu sich. In diesem Augenblick empfängt Maria ihre wahre Mutterschaft von ihrem Sohn. Betroffen stehen wir vor der Pietà Michelangelos, unserer Schmerzensmutter. Über Maria und Johannes bezieht Jesus uns alle in die von ihm gestiftete Liebesgemeinschaft mit ein. Rachels Weinen um ihre Kinder vereint sich mit der stummen Klage Mariens um ihren Sohn. Jesu Vermächtnis am Kreuz verwandelt mit den Klagen Mariens und Rachels die Klagen aller Menschen in Gebete des Vertrauens. Der von Clemens Brentano aufgezeigte Weg der Sehnsucht aller nach Gott führt über die Klage zur Erfüllung, zu Maria, die empfing.

Für uns stellt sich nun die Frage, wie sich dem psychiatrisch erkrankten Menschen dieser Aufbruch durch Trauer und Klage vermitteln lässt. Dabei ist zu bedenken, dass der Patient in erster Linie Kind unserer heutigen gottfremden Zeit ist. Ein depressiver junger Mann, der nach einem Suizidversuch zur Behandlung in unsere Klinik kam, äußerte sich mir gegenüber auf meine Frage nach seinem Glaubensverständnis: „Ob es Gott gibt oder nicht, ob er gut oder böse ist, weiß ich nicht. Nach meinem Tod werde ich es ja sehen."

Diese Entwicklung der allgemeinen Gleichgültigkeit gegenüber dem Glauben an Gott sah schon der Dichter Jean Paul (1763–1825) voraus. Er schildert die Gottesleere in seinem Aufsatz mit der Überschrift *Rede des toten Christus vom Weltgebäude herab, daß kein Gott sei*[8]:

Oben am Kirchengewölbe stand das Zifferblatt der Ewigkeit, auf dem keine Zahl erschien und das sein eigner Zeiger war; nur ein schwarzer Finger zeigte darauf, und die Toten wollten die Zeit darauf sehen.

Jetzo sank eine hohe edle Gestalt mit einem unvergänglichen Schmerz aus der Höhe auf den Altar hernieder, und alle Toten riefen: „Christus! Ist kein Gott?"

Er antwortete: „Es ist keiner."

Der ganze Schatten jedes Toten erbebte, nicht bloß die Brust allein, und einer um den anderen wurde durch das Zittern zertrennt …

Christus fuhr fort: „Ich ging durch die Welten, ich stieg in die Sonnen und flog mit den Milchstraßen durch die Wüsten des Himmels; aber es ist kein Gott. Ich stieg herab, soweit das Sein seine Schatten wirft, und schauete in den Abgrund und rief: „Vater, wo bist du?" Aber ich hörte nur den ewigen Sturm, den niemand regiert, und der schimmernde Regenbogen aus Wesen stand ohne eine Sonne, die ihn schuf, über dem Abgrunde …

Da kamen, schrecklich für das Herz, die gestorbenen Kinder, die im Gottesacker erwacht waren, in den Tempel und warfen sich vor die hohe Gestalt am Altare und sagten: Jesus! Haben wir keinen Vater?" – *Und er antwortete mit strömenden Tränen: „Wir sind alle Waisen, ich und ihr, wir sind ohne Vater."*

Eindrucksvoll schildert Jean Paul die Gottverlassenheit des modernen Menschen, die für ihn lediglich ein furchtbarer Albtraum war, aus dem er erwachte: *Meine Seele weinte vor Freude, daß sie wieder Gott anbeten konnte – und die Freude und das Weinen und der Glaube an ihn waren das Gebet.* So kann er sagen: *Wenn einmal mein Herz so unglücklich und ausgestorben wäre, daß in ihm alle Gefühle, die das Dasein Gottes bejahen, zerstöret wären: so würd' ich mich mit diesem meinem Aufsatz erschüttern und – er würde mich heilen und mir meine Gefühle wiedergeben.*

Jean Pauls Aussage mochte zu seiner Zeit die Menschen ansprechen. Heute bedürfen wir eines neuen Zugangs. Im Vertrauen, dass jedes ernsthafte Gespräch ein Gebet vor Gott ist, teilen wir die Leiderfahrungen unserer Mitmenschen. Die ausdrückliche Gottesfrage steht vielleicht am Ende unserer Begegnung.

Da wir aber alle im abendländischen Raum vom christlichen Glauben geprägt sind, können wir mit dem verstorbenen Wiener Psychiater

V. E. Frankl von einem unbewussten Gott[9] sprechen. Nach meiner Erfahrung würde ich eher von einem verdrängten Gott und folglich auch von einer verdrängten Gläubigkeit der Patienten ausgehen.

Diese Haltung des sog. postmodernen Menschen bedeutet auch für die Wissenschaft der Theologie eine neue Herausforderung, der M. Zechmeister mit ihrem Bild vom Karsamstag des Gottvermissens entspricht: In der gemeinsam durchlebten „Gottes-Nacht"[10] können wir wieder empfänglich werden für die Worte des auferstandenen Herrn: *Fürchtet euch nicht!* Johannes legt diese Worte in seiner Apokalypse aus: *Er wird alle Tränen von ihren Augen abwischen, der Tod wird nicht mehr sein, keine Trauer, keine Klage, keine Mühsal (Apk. 21, 4).*

Anmerkungen

[1] Clemens Brentano, zit. in Eugen Rosenstock – Huessy, „Die Sprache des Menschengeschlechts", Bd. 2, Heidelberg 1964, S. 440.

[2] Hubertus Tellenbach, unveröffentlichte Manuskripte 1993.

[3] William James, zit. in: Eugen Rosenstock – Huessy: Des Christen Zukunft, Siebenstern TB 57/58, München-Hamburg 1965, S. 19.

[4] Sören Kierkegaard, Die Krankheit zum Tode, TB Syndikat / EVA Bd. 24, Frankfurt 1984.

[5] Romano Guardini, Vom Sinn der Schwermut, Topos TB., Bd. 130, Mainz 1993.

[6] Paul Matussek, unveröffentlichte Manuskripte 1998.

[7] F. Weinreb, Schöpfung im Wort, Thauros Verlag, Weiler im Allgäu 1994.

[8] Jean Paul, Siebenkäs, Rede des toten Christus vom Weltgebäude herab, dass kein Gott sei, Reclam, Stuttgart 1983, S. 296–301.

[9] Viktor E. Frankl, Der unbewusste Gott, Wien 1948–1949.

[10] Martha Zechmeister, Gottes – Nacht, Münster 1992.

Manfred Scheuer

Mit Gott zu rechten ist mein Wunsch (Hiob 13,3)
Anmerkungen zur Theologie der Klage

Vorbemerkung

„Entweder will Gott die Übel beseitigen, kann es aber nicht. (Dann ist er schwach, also kein Gott) Oder er kann es und will es nicht. (Dann ist er missgünstig, also kein Gott) Oder er kann es nicht und will es nicht. Oder er kann es und will es (wie es sich allein für einen Gott gehört) – woher kommen dann die Übel der Welt?" (Epikur)[1] Im Folgenden geht es nicht um die Theodizeefrage im engeren Sinn, d. h. um ein Gerichtsverfahren vor dem Forum der Vernunft, bei dem versucht wird, Gott vom Vorwurf der Allverantwortlichkeit für das Leiden und für das Böse zu entlasten. Das Problem des Übels gilt nicht schon dann als gelöst, wenn sich die Widersprüche zwischen den einzelnen Gottesprädikaten (Allmacht, Güte, Gerechtigkeit) als nur scheinbare aufgelöst haben.[2]

Annäherungen

Thomas von Aquin: Hiobkommentar

„Die Wahrheit ändert sich nicht wegen der hohen Würde dessen, zu dem sie gesprochen wird; wer die Wahrheit sagt, kann nicht besiegt werden, mit wem er auch streitet."[3] So antwortet Thomas von Aquin in seinem Hiobkommentar kurz auf die Frage, ob die freimütige Rede Hiobs den gebührenden Respekt gegenüber Gott nicht verletze. Die Klage Hiobs hat ihr Recht, weil sie der Wahrnehmung der Realität, der Wahrhaftigkeit entspringt. Solange die klagende Rede dem entspricht, was der Betende selbst in sich erfährt, also wahrhaftig ist, kann sie zu Recht bestehen. Einübung in die Klage ist Einübung in die Wahrhaftigkeit, sie fördert Sensibilität und hilft, eigenes und fremdes Leid nicht zu verdrängen. Freilich braucht es für den Vollzug der Klage die Unterscheidung der Geister: Thomas unterscheidet zwischen einer Klage, die der Hybris entspringt, und dem Disput mit Gott, der aus dem Vertrauen auf die Wahrheit lebt.[4] Kriterium für die Beurteilung der unterschiedlichen Formen von Traurigkeit und Klage ist der „Ordo" als dynamisches Beziehungsgeschehen, insofern darin der Mensch auf Gott, auf den Nächsten und das eigene Heil ausgerichtet ist. Der Aquinate unterscheidet zwischen einer guten und einer schlechten bzw. zwischen einer geordneten und einer ungeordneten Traurigkeit. Die ungeordnete Traurigkeit verschlingt und führt in die Verzweiflung. Beim Weisen hingegen, der in Traurigkeit fällt, wird die Vernunft nicht von der Traurigkeit aufgesogen[5]. Diejenige Traurigkeit wiederum, die aus Reue und Buße kommt, ist von Hoffnung geprägt[6]. Hiob fällt in seinen Anfechtungen nicht aus der Hoffnung heraus. Seine Kraft der Hoffnung wurzelt in Gott[7].

Im Hiobkommentar rechtfertigt der Aquinate Hiob Hader mit Gott nach dem Modell einer „disputatio hominis ad Deum" durch ein über alle Autoritätsunterschiede hinausgehendes Wahrheitsinteresse. Die Autorität kann also nie gegen die Wahrheit ausgespielt werden. Anders gewendet: Hiob hält Gott für rational, dazu fähig, sich befragen und verstehen zu lassen.[8]

Sören Kierkegaard

Sören Kierkegaard trat zu einer Zeit (im 19. Jh.), in der dies ein verbürgerlichtes anständiges Christentum als anstößig empfand, vehement für das Recht des Klagens ein. „Hiob! Hiob! O Hiob! Hast du wirklich nichts andres gesprochen als diese schönen Worte: Der Herr hat's gegeben, der Herr hat's genommen, der Name des Herrn sei gelobet? Hast du nicht mehr gesagt? … nicht mehr und nicht weniger, ebenso wie man Prosit sagt zu dem Niesenden! Nein, du … hast die Menschen nicht betrogen, und als alles barst, da wardst du des Leidenden Mund und des Zerknirschten Stimme und des Geängstigten Schrei, und eine Linderung allen, die in Qualen verstummten, ein getreuer Zeuge von aller der Not und Zerrissenheit, die in einem Herzen wohnen kann, ein untrüglicher Fürsprech, der es wagte ‚in der Bitterkeit seiner Seele' Klage zu erheben und zu streiten wider Gott. … Erheb Klage, der Herr hat keine Furcht, er vermag es sehr wohl sich zu verteidigen; aber wie sollte er sich denn verteidigen können, wenn niemand Klage zu erheben wagt, wie es einem Menschen ansteht. … Gott vermag sehr wohl noch lauter zu reden, er hat ja den Donner – aber auch der ist eine Antwort, eine Erklärung, zuverlässig, treu, aus erster Hand, eine Antwort von Gott selbst, welche, und wenn sie einen Menschen gleich zerschmetterte, herrlicher ist als Stadtklatsch und Gerüchte betreffs der Gerechtigkeit der Vorsehung."[9]

Sören Kierkegaard sieht es nicht als Ideal an, wenn Hiob angesichts des Zerbrechens seines Lebens gleich ausschließlich Liebe, Vertrauen und Glaube geäußert hätte. Paragraphen über des Lebens Vollkommenheit, wie sie von den beamteten Tröstern kommen, sind für ihn kümmerlich und jämmerlich. Hiob begnügt sich nach Kierkegaard nicht mit Erklärungen aus zweiter Hand. Er ist Vorbild der Freiheit des einzelnen, die nicht in die Kategorie der Vermittlung aufgelöst werden darf: „Das ist das Große an Hiob, dass die Leidenschaft der Freiheit bei ihm nicht erstickt und nicht zur Ruhe gebracht wird in einem verkehrten Ausdruck. ... Hiob beharrt bei seiner Behauptung, dass er recht habe."[10]

Kierkegaard spricht aber durchaus auch aus, dass Gott sich gegenüber der Klage des leidenden Menschen rechtfertigen *kann*. Zu dieser Theodizee gehört die menschliche Freiheit und das Paradox der göttlichen Liebe: „Das Höchste, das überhaupt für ein Wesen getan werden kann, höher als alles, wozu einer es machen kann, ist, es frei zu machen. Eben dazu gehört Allmacht, um all das zu können. ... Wenn man Allmacht denken will, wird man sehen, dass gerade in ihr die Bestimmung liegen muss, sich selber so wieder zurücknehmen zu können, in der Äußerung der Allmacht, dass gerade deshalb das durch die Allmacht Gewordene unabhängig sein kann. ... Gottes Allmacht ist darum seine Güte."[11] Zur Theodizee gehört für Kierkegaard auch die Erlösungstat Gottes, als des Herrn des Seins, „als die unendlich zwingende Subjektivität."[12] Diese „zwingende Subjektivität" ist freilich wiederum nicht anders denn als Liebe zu denken. „Das ist der Liebe Unergründlichkeit, nicht zum Scherz, sondern im Ernst und in der Wahrheit, gleicher Art mit dem Geliebten zu werden."[13]

Thomas von Aquin und Sören Kierkegaard sehen Hiob in der Wahrheit und seine Klage, seinen Streit mit Gott als gerechte Sache. Beide stehen innerhalb des Gebetes und des Glaubens. Die Koordinaten dieses Geschehens sind: die Wahrheit und die Dignität des Leidens und der Leidenden, die Relation zu Gott, der gerade in der Klage als Grund der Hoffnung angeschrieen wird, die Liebe zum Leben und die Überzeugung, dass Gott sich in der Geschichte, in Raum und Zeit rechtfertigen soll und dies auch kann.

Bevor diese Koordinaten der Klage weiter ausgeführt werden, möchte ich einen kurzen Hinweis auf Denkformen bzw. auf Bewältigungsversuche des Leidens geben, in denen die Klage unsinnig, die Dignität der Leidenden aufgelöst, die Liebe zur Zeit verraten und die Hoffnung zynisch auf die Seite geschoben wird.

Sackgassen

Abscheu am Dasein (Arthur Schopenhauer)

Die Urempfindung, von der Schopenhauer ausgeht und von der her alles entworfen wird, ist: das Leben auf der Welt ist Leiden. Die Welt ist das wovon der einzelne erlöst werden will. „Das Unglück überhaupt ist die Regel."[14] Der Widerspruch zum Glauben an die Güte des Schöpfers und das Gut-Sein der Schöpfung ist mit Folgerichtigkeit durchgeführt: dem *Ja* der Christen setzt Schopenhauer ein schroffes *Nein* entgegen. Er negiert die theistische Grundannahme von einer doch prinzipiell guten Schöpfung. An die Stelle der theodizeespezifischen Bejahung der Schöpfung tritt bei ihm die radikale Verneinung. Beim Versuch einer Bilanzierung aller Bosheit und Qual der Welt neigt er zu einem Pandiabolismus[15].

Klage und Theodizeefrage setzen ein Ringen um die Bejahung der geschichtlichen Existenz voraus. Wird ein grundsätzliches Nein im Sinne der Resignation und des Pessimismus gesprochen, wird heimlich in die Absurdität menschlichen Daseins eingewilligt, werden Leben, Freiheit und Selbstbewusstsein in den Strudel des Skeptizismus gezogen, erübrigen sich das Gebet und die Theodizeefrage als Scheinprobleme. Wird auf der Nicht-Existenz grundsätzlich als dem Besseren gegenüber der Existenz insistiert, so wird der Weg des Klagens und des Glaubens verlassen.[16]

Zeit als Entfremdung (Gnosis und Apokalyptik)

Auch Gnosis kennt keine Bejahung einer guten Schöpfung und eines guten Schöpfers. Ein Gott, der aber nicht Schöpfer ist, ist auch nicht rechtfertigungsbedürftig. Wo Gott nicht mehr Schöpfer ist, erübrigt sich die Theodizee als Scheinproblem.[17]

Gnosis ist dualistisch geprägt. Sie stellt dialektisch Gott als den ‚Ganz Anderen' der Welt gegenüber. Gnosis identifiziert das ‚falsche Leben' mit der Gegenwart und projiziert ‚wahres Leben' in ein zeitlich-zukünftiges Jenseits. Damit gilt gnostisch diese gegenwärtige Zeit nur als Uneigentlichkeit, Entfremdung und Abfall. Für die Gnosis ist diese Zeit nicht Ort des Heils, der Beziehung, des Bundes und des Gebetes. Radikale Weltverneinung ist der gnostischen und apokalyptischen Zeitauffassung gemeinsam[18]. Erfüllung wird auch apokalyptisch mit dem Ende der Zeit, mit der völligen Abschaffung der alten Geschichte verbunden.[19] Geschichte wird als universale Unheilsgeschichte, als Katastrophenzusammenhang qualifiziert. Zwischen Geschichte und Erfüllung gibt es in keiner Weise Kontinuität, sondern nur radikale Unterbrechung. Apokalyptische Zeitauffassung kennt so keine zeitliche Zukunft, sondern nur ein Ende und die Abschaffung von Zeit. Gott kann nicht in der Vergangenheit, auch nicht in der Gegenwart, sondern nur in der Zukunft sein, was zur Folge hätte, dass Gott in keiner Welt von Geschöpfen vorkommt?[20]

Als in Ansätzen gnostisch zu qualifizieren ist der reine Standpunkt der Kritik von außen her bzw. von oben herab, wenn er nicht aus der Solidarität mit den Leidenden kommt und in diese führt. Die bloße Kritik von außen im Sinne der Zuschauerexistenz muss sich in abgewandelter Form den Vorwurf Hegels an die ‚reine Seele' gefallen lassen.[21] Auch das Gehabe der Empörung ist nicht wirklich beim anderen, kann sich nicht handelnd auf den anderen einlassen. Reine Negation bleibt wirklichkeitslos und in leerer Abstraktion, sie verweigert das Da-Sein, die Ent-äußerung.

Die Klage Hiobs ist nicht Ausstieg aus der Geschichte, sondern Einstieg in Zeit und Geschichte: es geht ihm ja um die Gerechtigkeit in der Zeit, nicht um eine Vertröstung in das Jenseits[22]. Gottes Handeln ist Zukunft in dem Sinn, dass sie der Gegenwart des Geschöpfes Sinn verleiht. Gott selbst ist die „Zukunft, die, ohne aufzuhören Zukunft zu sein, dennoch gegenwärtig ist."[23]

Gott als Urheber des Bösen?

„Ist Gott verantwortlich für das Übel?" Dieser Frage gehen Walter Groß und Karl-Josef Kuschel nach[24]. Sie halten die Rückfrage nach der Letztverantwortung Gottes für das Übel (einschließlich des moralischen Übels, des Bösen) angesichts bestimmter Erfahrungen für unumgehbar und dringend notwendig. Denn für sie ist es „unbestreitbar …, daß es Erfahrungen des Übels gibt, vor allem des unschuldigen und ungerechten Leidens, die mit dem ‚freien Willen' des Menschen allein nicht erklärt werden können."[25] Das Böse im Menschen wird von der Schöpfung Gottes her mit angelegt interpretiert. Zumindest ist das Böse nicht ohne Gottes Absicht in die von ihm gut geschaffene Welt eingebrochen. Im Rückgriff auf den Gott des Alten Testamentes (Jes 45,7: Ich schaffe Finsternis und Unheil) wird das Böse in der Welt erklärt, bzw. als ein Problem Gottes angesehen. Gott selbst gilt als Subjekt von Finsternis und Unheil, so wie er Subjekt von Heil und Licht ist.[26]

Gerade diese Position hält dem Druck der durch die Theodizee aufgeworfenen Fragen nicht stand. Ein Klagegebet und auch eine Theodizee, die explizit mit den dunklen und bösen Seiten Gottes rechnet, führt sich selbst schnell ad absurdum und würde den Menschen in eine Schizophrenie treiben. Ernst Bloch hat es als die „Logik des Buches Hiob" herausgestellt, dass hier ein Mensch seinen Gott „überholt, ja überleuchtet", weil das moralische Bewusstsein Hiobs völlig zum Halt gegen Jahwe, den fragwürdigen Richter" gebiete.[27] Jede Theodizee sei seitdem, so Bloch, „an Hiobs harten Fragen gemessen, eine Unredlichkeit."[28] – Die Theodizeefrage setzt bestimmte Eigenschaftsattribute Gottes am Ende faktisch als gültig voraus. Gerade das Klagegebet postuliert und schreit nach der Versöhnung von Güte und Allmacht in Gott. Hiob appelliert an die göttliche Gerechtigkeit.[29]

Wenn Gott das Böse in sich enthält, wird er letztlich zum Januskopf, zur Fratze. Einen solchen anzubeten, wäre nicht menschenwürdig. Ein böser Gott wäre verachtenswert. Moralität muss Gott prädiziert werden. „Nur ein heiliger Gott ermöglicht eine menschenwürdige Religion."[30] In dieser Absicht ist Leibnitz zuzustimmen, der in seiner Theodizee den Menschen von falschen Vorstellungen befreien will, die ihm Gott als einen absoluten Herrscher darstellen, despotische Macht ausübend, wenig geeignet und wert geliebt zu werden.[31]

Orientierungen

Leiden als Preis der Freiheit und Liebe

Gisbert Greshake sieht in seiner nach einer schweren Krankheit verfassten, also nicht einfach in „blinder Systematisierungswut" am Schreibtisch geschriebenen, Besinnung über das Leid dieses als „Preis der Liebe". Wenn Gott geschöpfliche Freiheit will, dann ist damit die *Möglichkeit* von Leid *notwendig* mitgegeben. Wenn Gott ein freies Geschöpf schafft, d. h.: wenn Gott will, dass zwischen ihm und dem Geschöpf Liebe sein soll, dann ist damit notwendig verbunden die Möglichkeit zur Selbstentfremdung des Menschen und damit zum Unheil, zum Leiden, eine Möglichkeit, die in der faktischen Menschheitsgeschichte verwirklicht worden ist. Leid als Konsequenz verfehlter Freiheitsentscheidung. Deshalb bedeutet solches Leid keinen Einwand gegen Gottes Allmacht, Güte und Liebe. Gottes Allmacht konkurriert nicht mit des Menschen Freiheit, sondern Gottes Allmacht ist die Bedingung menschlicher Freiheit. „Leid ist … der Preis der Freiheit, *der*

Preis der Liebe. Liebe ohne Leid wäre darum wie ein hölzernes Eisen oder ein dreieckiger Kreis.“[32]

Bei diesen Ansätzen geht es darum, dass Liebe möglich und auch denkbar ist. Leiden und Böses werden unter dem Vorzeichen und im Raum der Liebe Gottes sowie als Preis der menschlichen Freiheit gedeutet. Es geht nicht so sehr um die bestmögliche aller möglichen Welten, sondern darum, dass die Liebe die größtmögliche sei. Gerade in der Kritik an dieser Position schleicht sich nicht selten ein nominalistischer Gottesgedanke ein, der Gottes Freiheit als absolut (potentia Dei absoluta) und nicht durch Weisheit und Liebe geordnet sieht.

Unaufgebbar bleibt der Gedanke, dass Gott selbst sich dazu bestimmt hat, in seinem Handeln die menschliche Freiheit zu achten und sich sogar von ihr bestimmen zu lassen. Anders wäre ein Bund zwischen Gott und Mensch, ein Verhältnis der Liebe nicht denkbar. Anders wäre auch die Rede von menschlicher Schuld nicht möglich. Willkürlich wäre es gerade, sich Gott als Zauberer vorzustellen, als einen „Deus ex machina", der am Ende mit Gewalt eingreift und von oben herab alles richtet. Hinter dem reinen Protest und der Auflehnung gegen die Schöpfung sieht Simone Weil ein pervertiertes Gottesbild: „Sich wegen des menschlichen Unglücks gegen Gott aufzulehnen, so wie … Iwan Karamasoff, bedeutet, sich Gott als Herrscher vorzustellen.“[33]

Faktisch müssen sich alle Einwände gegen das Freilassungsargument, gegen den Gedanken, dass Leiden und Schuld Preis der Freiheit und der Liebe sind, fragen lassen, ob sie nicht menschliche Freiheit widerrufen und so einen bereits erreichten Standard von Sinn und Sittlichkeit unterbieten.

In diesem Zusammenhang mit dem Argument der Freilassung und Zulassung des Leidens als Folge menschlicher Freiheit erhebt sich dann aber massiv der Vorwurf gegen die Gleichgültigkeit und Apathie Gottes. Dagegen ist vom biblischen Zeugnis her einzubringen, dass Gott sich im Wagnis der Freiheitsgeschichte nicht als Zuschauer distanziert, nicht aus der Geschichte heraushält, sondern sich der Ohnmacht der Liebe, dem Leiden, der Schuld und Bosheit des Menschen aussetzt, sich betreffen lässt, ja selber leidet. Dieser Gedanke vom ohnmächtigen und leidenden Gott wird auch von einer ganzen Reihe christlicher Theologen vertreten, so von den Kenotikern Nikolaj Berdiajew und Sergej Bulgakow, auch von Jacques Maritain, Hans Urs von Balthasar, Eberhard Jüngel, Dietrich Bonhoeffer, Teilhard de Chardin[34].

Einzuwenden ist an dieser Stelle, dass ein isoliertes Denken des ohnmächtigen, leidenden und sterbenden Gottes in sich widersprüchlich bleibt. Eine exklusive Theologie der Ohnmacht Gottes mogelt sich um die Theodizeefrage herum, denn die Frage nach der Verantwortung Gottes für die Welt wird als unzulässig erklärt. Eine als Rechtfertigung verstandene Theologie des göttlichen Leidens kann die Gottesidee philosophisch in die Bedeutungslosigkeit führen, wie Carl-Friedrich Geyer gezeigt hat.[35] Der Schmerz Gottes bietet keine Rechtfertigung des Bösen und ein Leiden Gottes lässt sich nicht gegen die innerweltlich bedrängende Faktizität des Leidens und des Bösen aufrechnen. – Es bleibt theologische Aufgabe, den Gedanken zu schützen, „dass Gott, um den Menschen in seiner Liebe selbst nahe zu kommen, sich zugunsten der Menschen ihrem Widerspruch (also dem Leiden *an* ihnen und *durch* sie) ausgesetzt hat und aussetzen konnte, ohne als Gott in ihm unterzugehen."[36] Die göttliche Vollkommenheit der Herrschaft und Allmacht Gottes zeigt sich darin, dass sie nicht als Bemächtigung und Überwältigung, auch nicht als triumphalistische Harmonisierung am Ende, sondern als Ermächtigung zum Selbstsein in Freiheit – als Mächtigwerden der Liebe – geschieht. Eine solche Liebe lässt sich – gegen Hegel – nicht systematisieren. Sie lebt und stirbt im Raum der Gewaltlosigkeit, des aktiven Einsatzes und Engagements, des Protestes und des Widerstandes, des Ausharrens, des Kämpfens, des Erleidens, der stellvertretenden Hoffnung, der Solidarität, der Vergebung und der Umkehr.

Freilich bleibt da eine Spannung, ein Abgrund zwischen Gottes Allmacht und Herrschaft und der faktischen Realität des Bösen. Gottes Herrschaft ist weithin verborgen, es ist eine Macht im Zeichen des Kreuzes, der Ohnmacht der Liebe unter der Übermacht zerstörender Gewalten, eine Erfahrung, die in der Klage, in der Bitte um das Kommen des Reiches Gottes thematisiert wird.

Aufmerksamkeit für das Leiden

Jeder Versuch einer Theodizee, aber auch jede Absage an eine mögliche Rechtfertigung Gottes angesichts des Leidens und der Leidenden ist daran zu messen, ob sie in der Wahrnehmung des Leidens bzw. in der Annahme der Leidenden bleiben oder diese Wahrnehmung an einem bestimmten Punkt unterbrechen und die Solidarität aufkündigen. Zunächst gilt es aufmerksam zu machen auf die vielen blinden Flecken in der Gesellschaft, die einer Ästhetisierung huldigt und dabei viel ausblendet, vergisst, an den Rand schiebt. Denn die Totalästhetisierung läuft auf ihr Gegenteil hinaus, sie führt zu Abstumpfung, Unempfindlichkeit, zu einer große Fläche von blinden Flecken. Für viele Bereiche des Dunklen und des Schmerzes gibt es Anästhetica und Analgetica. Die Sehnsüchte und Erlebniswelten schaffen neue Vergesslichkeiten.[37] Zudem sind Kälteströme (Ernst Bloch) und Kälte gegenüber den Leidenden wahrzunehmen. Kälte ist nach Theodor Wiesengrund Adorno das Grundprinzip der bürgerlichen Subjektivität, ohne das Auschwitz nicht möglich gewesen wäre.[38] Auch die Toleranz und Liberalität des bürgerlichen Subjektes ist letztlich leer. Aus der Liberalität, „aus der unterschiedslosen Güte gegen alles droht denn auch stets Kälte und Fremdheit gegen jedes."[39] Die Apathie und Fühllosigkeit in der Wahrnehmung gegenüber Leid und Opfer, wie sie für eine imperialistische und gewalttätige Subjektivität kennzeichnend ist, ist auf Empfänglichkeit und Verwundbarkeit zu öffnen.

Liebe bedarf der Wahrnehmung. Grundhaltung dieser Liebe ist die Aufmerksamkeit. Die Aufmerksamkeit ist nicht nur der wesentliche Gehalt der Gottesliebe, sondern auch der Nächstenliebe.[40] Vor allem die Unglücklichen bedürfen Menschen, die fähig sind, ihnen ihre Aufmerksamkeit zuzuwenden. „Die Fülle der Nächstenliebe besteht einfach in der Fähigkeit, den Nächsten fragen zu können: ‚Welches Leiden quält dich?' Sie besteht in dem Bewusstsein, dass der Unglückliche existiert, nicht als Einzelteil einer Serie, nicht als ein Exemplar der sozialen Kategorie, welche die Aufschrift ‚Unglückliche' trägt, sondern als Mensch, der völlig unseresgleichen ist und dem das Unglück eines Tages einen unnachahmbaren Stempel aufgeprägt hat."[41]

Simone Weil wirft der Auflehnung gegen die Schöpfung in den Karamasoffs nicht vor, dass es ihr an Gerechtigkeitsempfinden fehle, sondern vielmehr, dass sie das Leiden des anderen, anstatt es nach Möglichkeit zu lindern und zum Leidenden zu stehen, als Argument für eine Strategie der Rechthaberei benutzt. Die Leere, die durch den Anblick des Leidenden entsteht, wird nicht ausgehalten, sondern imaginär gefüllt. Statt in der Gegenwart zu bleiben, wird eine irreale Vorvergangenheit konstruiert und besserwisserisch gegenüber dem Schöpfer des Lebens gesagt: „Hätte ich die Welt geschaffen, ich hätte es besser gemacht". Simone Weil möchte die Eintrittskarte in diese Welt nicht zurückschicken, sondern im eigenen Unglück und im Unglück der anderen Liebe und Annahme durchhalten: „Das Unglück des Anderen annehmen und darunter leiden. Annehmen bedeutet nichts anderes, als anzuerkennen, dass etwas ist. ... In einem gewissen Sinn braucht die Wirklichkeit unsere Zustimmung. In dieser Hinsicht sind wir Schöpfer der Welt. Iwan Karamasoff: Flucht ins Unwirkliche. Aber das ist kein Vorgehen, das von der Liebe bestimmt ist. Das weinende Kind will nicht, dass man sich in Gedanken vorstellt, es existiere gar nicht."[42] Auflehnung im Sinne Iwan Karamasoffs würde bedeuten, den Blick abzuwenden und nicht aufmerksam zu sein. Annahme heißt nicht Sanktionierung des Leidens. Vielmehr ist es ein Zeichen für die Anerkennung seiner Existenz, dass man dem Hungrigen zu essen gibt[43].

Die Theodizeefrage hat sich lebenspraktisch daran messen zu lassen, ob sie in einen Prozess der Begegnung hinein nimmt, oder in ihrer theoretischen Unlösbarkeit zum Mittel zum Zweck der Lebensdistanzierung wird. Die Theodizee erfordert eine Wachsamkeit, die sich selbst im Gewissen und in der Verantwortung situiert. Sie ist nicht neutral und objektiv distanziert, sie steht im Kontext von Sympathie, Apathie oder Antipathie, von Gleichgültigkeit, von Nihilismus, Hoffnung, Hass und Verachtung, von Verzweiflung oder auch Verzeihen, von Freude am Leben oder Bitterkeit, von Funktionalisierung, Selbstrechtfertigung oder Anklage. Sie stellt die Frage nach Gerechtigkeit, ist aber nicht von vornherein frei vom Willen zur Macht.

In welchem Kontext wird die Theodizeefrage situiert: therapeutisch in dem Sinne, dass einer in seinem Leid Gehör finden will, dass er ernst genommen werden will, dass er gerecht behandelt werden will? Als ästhetische Dramaturgie im Sinne eines Schauprozesses, der nach den Gesetzen der Medien abläuft? Als Tribunal, bei dem der Schuldige von vornherein feststeht, die Rollenverteilungen aber nicht hinterfragt werden dürfen: Opfer, Richter, Täter, Angeklagter, Verstrickter, Schuldiger, Zuschauer, Beschämter, Anwalt, Flüchtling, Therapeut, ...? Theodizee ist verbunden mit Trauer, Scham, Bekenntnis, Reue, Distanzierung, Klage, liebender Verbundenheit. Die eigenen Maßstäbe, Interessen und Motive sind zu benennen.

Die Frage nach dem Leiden und seiner Überwindung, wie auch die Theodizeefrage nach der Rechtfertigung Gottes angesichts des Leidens Unschuldiger in der Welt, muss sich selbst noch einmal befragen und auf den Prüfstand von Leiblichkeit und Zeit stellen lassen. Verwandlung und Transformation des Leidens kann nur in der Zeit und durch Annahme der zeitlichen Existenz hindurch geschehen. Solidarität und eine auch im Unglück durchgehaltene Liebe entlarven den Gestus der reinen Empörung als Besserwisserei gegenüber dem Schöpfer sowie als Exodus aus der Wirklichkeit.

Letzte Norm für die Theodizeefrage ist nicht die Autorität der Leidenden an sich, auch nicht die emotionale Betroffenheit, sondern die Liebe zur Wirklichkeit und die auch im Unglück durchgehaltene Solidarität. Eine Ideologie des Leidens und der Opfer ist einer kritischen Prüfung zu unterziehen, z. B. wenn der Opferstatus als Lizenz für Aggression und Gewaltanwendung herhalten muss (wie es auf dem Balkan seit Jahrhunderten überaus leidvoll der Fall war).

Solidarische Hoffnung mit den Opfern

Nicht wenige meinen, aus der Erfahrung des Bösen heraus, aus der Solidarität mit den Leidenden und Opfern, aus dem Insistieren auf der Würde abgrundtiefer Erfahrungen, Gott absagen zu müssen. Ein Gott, der die Barbareien oder auch das Leiden Unschuldiger zulässt, kann nur ein großer Zyniker sein. Die äußersten Zuspitzungen der Theodizeefrage beruhen darauf, dass sie auf der bereits erlittenen Qual als entscheidender Instanz insistieren. „Alle künftige Harmonie oder Versöhnung sind die Tränen eines einzigen zu Tode gequälten Kindes nicht wert. … Was kann die Hölle wiedergutmachen. … Und was ist das für eine Harmonie, wenn es noch eine Hölle gibt?"[44] Jeder Messias und jede universale Versöhnung und Gerechtigkeit in der Zukunft müssten falsch sein? „Der bedeutendste Inhalt der messianischen Idee liegt darin, dass das Kommen des Messias auf ewig ein zukünftiges Kommen sein wird. Jeder Messias, der kommt, ist ein falscher Messias."[45] Von da her wird Gottes Liebe die Möglichkeit abgesprochen, sich selbst zu rechtfertigen. Diese Möglichkeit halten viele mit Berufung auf die Unaufwiegbarkeit des Leidens und die Unversöhnbarkeit der Schuld für bereits definitiv und zwar negativ entschieden.

Ist es weniger zynisch, unter dem Vorzeichen der Solidarität die Erschlagenen in alle Ewigkeit erschlagen, die Vergessenen vergessen, die Opfer für immer besiegt, die Toten tot sein zu lassen? Wird da nicht unter dem Schein der Humanität die Herrschaft des Bösen, das Unrecht der in der Geschichte Siegreichen inthronisiert, der Tod als absoluter Herr, der Teufel als Gott eingesetzt? Wirkliche Solidarität mit den Opfern des Bösen lässt sich nur in der Hoffnung auf Gott durchhalten. „Es ist den Juden verboten, Hitler nachträglich siegen zu lassen. Es ist ihnen geboten, als Juden zu überleben, damit das jüdische Volk nicht untergehe. Es ist ihnen geboten, der Opfer von Auschwitz zu gedenken, damit das Andenken an sie nicht verloren gehe. Es ist ihnen verboten, am Menschen und seiner Welt zu verzweifeln und Zuflucht entweder im Zynismus oder der Jenseitigkeit zu suchen, damit sie nicht dazu beitragen, die Welt den Mächten von Auschwitz auszuliefern. Schließlich ist es ihnen verboten, am Gott Israels zu verzweifeln, damit das Judentum nicht untergehe."[46]

Johann Baptist Metz[47] plädiert für die Rückbesinnung auf die Frage nach der Rettung der Opfer und der Gerechtigkeit für die unschuldig Leidenden. Angesichts von Auschwitz dürfe sich die Theologie nicht primär um die Frage nach der Schuld und um die Vergebung für die Täter kümmern. Für ihn stellt sich die Gottesfrage in der Gestalt der Theodizeefrage, nicht in existentialistischer, sondern in politischer Fassung: „Gottesrede als Schrei nach der Rettung der Anderen, der ungerecht Leidenden, der Opfer und Besiegten in unserer Geschichte. ... Die Gottesrede ist entweder die Rede von der Vision und der Verheißung einer großen Gerechtigkeit, die auch an diese vergangenen Leiden rührt, oder sie ist leer und verheißungslos – auch für die gegenwärtig Lebenden. Die dieser Gottesrede immanente Frage ist zunächst und in erster Linie die Frage nach der Rettung der ungerecht Leidenden."[48]

Subjektsein gibt es nur in Solidarität mit anderen und durch Anerkennung der anderen. Eine Identität des Subjekts ist bei Ausblendung von Leid, Unterdrückung und Tod des anderen nicht zu denken. Metz verknüpft die Autorität der Leidenden mit dem Gedanken der anamnetischen universalen Solidarität. Dabei greift er die Auseinandersetzung um die Abgeschlossenheit oder Unabgeschlossenheit des Vergangenen zwischen Max Horkheimer und Walter Benjamin auf: für Horkheimer sind die Erschlagenen wirklich erschlagen, vergangenes Unrecht ist wirklich abgeschlossen, untergegangene Menschen haben keine Zukunft mehr. Der dialektische Materialismus und auch die kritische Theorie gehen wohl von der konkreten Not aus, ohne jedoch das beschädigte Individuum als solches in den Blick zu fassen und dessen tragisches Ende in Betracht zu ziehen. Walter Benjamin hingegen sucht in seinen „Geschichtsphilosophischen Thesen"[49] eine Weise des Umgangs mit der Geschichte, in der die Solidarität mit den Leidenden, Unterdrückten und Erschlagenen nicht aufgekündigt wird. Wenn durch das Eingedenken des Leids der Vergangenheit dieses zu einem unabgeschlossenen werden soll und die Leidenden, Opfer und Besiegten nicht bloß funktional auf den Fortschritt oder auf einen glücklichen Endzustand gedacht werden sollen, wenn es unmenschlich ist und einen Verrat an der universalen Solidarität bedeuten würde, dann muss letztlich ein Gott sein, der mit den Toten, Geschlagenen und Opfern durch die Macht der Auferweckung etwas anfangen kann. „Im Gedächtnis dieses Leids erscheint Gott in seiner eschatologischen Freiheit als Subjekt und der Sinn der Geschichte im Ganzen."[50] Aus dem Zu-Ende-Denken der Solidarität mit den Leidenden, den Opfern und den Toten kommt Metz mit Walter Benjamin zur Wirklichkeit Gottes.

Von der solidarischen Hoffnung für und mit den Opfern der Geschichte sind ein Narzissmus in der Theodizeefrage (im Sinne einer Verliebtheit in die eigene Traurigkeit), eine Selbstzelebration der nihilistischen Subjektivität sowie das Insistieren auf der Endgültigkeit von Tod und Bösem abzuwehren.

Klagegebet

„Hat Gott Auschwitz verhindert oder zugelassen?" – Günther Anders stellt diese Frage einem fiktiven Dialogpartner in seinem Buch „Ketzereien". „Und was wäre das für ein Gott, der Auschwitz zugelassen hätte? … wäre es nicht frömmer … zu sagen, kein Gott hätte das zugelassen? Und wäre es nicht ehrfürchtiger … einzuräumen, dass es ihn nicht gebe, weil *so* unbarmherzig ein Gott, vor allem ein Gott der Liebe, nicht hätte sein können?"[51] Und nach der Kant-Lektüre notiert Günther Anders: „Nach Auschwitz besteht mein Atheismus nicht mehr einfach in der Bestreitung ‚seines' Daseins. Sondern in meiner Empörung über die Würdelosigkeit derer, die einem, der *dies* zugelassen hat, im Gebet nahen."[52] Für Anders beweist Auschwitz, dass es Gott überhaupt nicht gibt und deshalb darf man gar nicht mehr beten. „Wahrscheinlich muss sein Wort [das Diktum von Adorno] sogar erweitert werden: dass nun nicht mehr geglaubt, gedankt oder gebetet werden könne – im Sinne von ‚dürfen'. Dass nach Auschwitz noch-religiössein Gedankenlosigkeit beweise und unmoralisch sei."[53] Kann es für Christen nach Auschwitz noch Gebete geben? Johann Baptist Metz antwortete auf die so formulierte Frage: „Wir können *nach* Auschwitz beten, weil auch *in* Auschwitz gebetet wurde."[54]

Und doch liegen die Begründung des Gebetes und das Maß der Hoffnung nicht einfach im Gebet oder in der Gebetslosigkeit und in der Hoffnung oder Hoffnungslosigkeit der Opfer in den KZ.[55] Ein Christ, der bei seinem Glauben und seinem Beten bleiben will, wird die Entscheidung zu praktizierter Gott- und Gebetslosigkeit, z.B. von Günter

Anders, nicht verspotten, aber auch nicht zum Maß für sein Verhalten machen. Die einen glauben und die anderen glauben nicht, verzweifeln oder lachen oder äußern sich nicht. Was geschieht mit dem Gebet gläubiger Juden angesichts gebetsunfähig gewordener Christen, was mit dem christlichen Gebet angesichts gebetsloser Juden? Wenn Menschen angesichts des Leidens und der Katastrophen an Gott glauben und beten, tun sie das neben ihren betenden und nicht betenden Mitmenschen. Sie leben in keiner Schielexistenz mit der Frage an die Umgebung, ob sie denn beten dürfen. Die Möglichkeit des Gebetes kommt nicht von Außen. Es gibt keine menschliche Obrigkeit oder Autorität, auch nicht die der Leidenden, von der die Erlaubnis zum oder das Verbot des Betens in einem Hoheitsakt zu- bzw. ausgesprochen werden könnte. Wenn das Gebet nicht auch in den Juden und Christen selbst aufleuchtet, ist es nirgends zu finden. Gebet als Bitte um Gerechtigkeit und Leben, um das Licht Gottes in der Finsternis der Barbarei ist gerade angesichts des Grauens und des Todes ein zutiefst humaner Akt.

Klage als Gebet und damit als Ausdruck des Glaubens[56] hat offene Augen für die Wirklichkeit der konkreten, unversöhnten Schöpfung. Zugleich lebt Klage vom Versprechen, von der Erinnerung an das Wirken Gottes, das sie einklagt. Noch im Protest, sogar in der Anklage steckt die Erwartung, dass sich Gott als der Treue erweise und seine Schöpfung zur Vollendung führe. Klage als Bitte um das Kommen des Reiches Gottes weigert sich, irgend ein von Gott ins Dasein Gerufenes endgültig verlorenzugeben. Gott wird gerade deshalb geglaubt und angerufen, weil ihm zugetraut wird, dass er mit den Toten, Verlorenen, Opfern etwas anfangen kann. Klage ist Protest und Unterbrechung der Diktatur der faktischen Abläufe von Natur und Weltgeschichte[57]. Wenn das Böse ins Gebet genommen wird, wird es Gott anheim gestellt. Wer versucht, das Böse in einer Endlösung letztlich zu identifizieren, zu definieren, zu bekämpfen, zu treffen und zu besiegen, es an der Wurzel zu packen und auszurotten, endet im Terror. Das Gebet lässt das Böse letztlich Gottes Problem sein und vertraut ihm allein seine Bewältigung an; es bedrängt und bestürmt ihn, uns vom Bösen zu erlösen.

Anmerkungen

[1] Überliefert bei Laktanz, De ira Dei, 13,20f.

[2] Vgl. dazu Carl-Friedrich Geyer, Begriffgeschichtliches zur Theodizee, in: Archiv für Geschichte der Philosophie 75, 47–70, hier 51.

[3] „Veritas ex diversitate personarum non variatur, unde cum aliquis veritatem loquitur vinci non potest cum quocumque disputet." (Thomas von Aquin, In Iob 13,2 Leonina 26,87b lin.287–290).

[4] „Disputaverat autem Iob cum Deo, non ex superbia, sed ex fiducia veritatis." (In Iob 15,1–16 Leonina 26,96 lin.40–42)

[5] „Sed quia sapiens licet tristitiam patiatur eius tamen ratio a tristitiis non absorbetur." (In Iob 6,7 t.26,42 lin.95).

[6] „Quia est quaedam tristitia absorbens, quae in desperationem inducit … Sed tristitia poentitentis non est sic, sed est cum spe, et exercitio bonorum operum." (In Ps 37 nn.3–5 t.18,460). Vgl. auch: In Iob 7,15 t.26,50 lin.343–356.

[7] „Est autem uniuscuiusque hominis fundamentum id, cui prinicipaliter spes eius innititur." (In Iob 22,16 t.26,130 lin.177–179).

[8] G. Steiner, Grammatik der Schöpfung. Aus dem Englischen von M. Pfeiffer, München/Wien 2001,50.

[9] Sören Kierkegaard, Die Wiederholung, (Gesammelte Werke 5. und 6. Abt. III) 231–233.

[10] Sören Kierkegaard, Die Wiederholung 77f.

[11] Sören Kierkegaard, Die Tagebücher, ausgewählt und übersetzt von Th. Haecker, Innsbruck 1923, Bd. 1,291.

[12] Sören Kierkegaard, Papirer, Bd. X, 2 A 401.

[13] Sören Kierkegaard, Philosophische Brocken. De omnibus dubitandum est (Ges. Werke Abt. 10) Düsseldorf 1960, 30.

[14] Arthur Schopenhauer, Paralipomena. Zur Lehre vom Leiden der Welt, Nachträge § 148, in: SW, hg. von Löhneysen, Bd. V, 343.

[15] Der handschriftliche Nachlass, hg. von A. Hübscher, Frankfurt 1966, Bd. IV, 295. Vgl. dazu Carl-Friedrich Geyer, Begriffgeschichtliches zur Theodizee, in: Archiv für Geschichte der Philosophie 75, 47–70, hier 59.

[16] Esra fasst in einer Schrift, die um das Jahr 100 nach Christus entstanden ist, seine tragische Anthropologie in dem Kernsatz zusammen: „Es wäre besser für uns, nicht dazusein, als (zur Welt) zu kommen und in Sünden zu leben, zu leiden und nicht zu verstehen, warum." (4Esra 4,12, in: Josef Schreiner, Das 4. Buch Esra (JSHRZ V/4) 318). Sie begegnet noch in einer verschärften Version, die den Vorwurf an Gott, er habe den Menschen mit dem Bösen überfordert, nur mühsam hinter der für die Erschaffung des Menschen wesenhaften Erdgebundenheit verbirgt: „Dies ist mein erstes und letztes Wort: Es wäre besser gewesen, die Erde hätte Adam nicht hervorgebracht oder, nachdem sie ihn schon hervorgebracht hatte, sie hätte ihn zur Ordnung gewiesen, so dass er nicht sündigte." (4Esra 7,116, in: Schreiner 358) Vgl. Jürgen Bründl, Masken des Bösen. Eine Theologie des Teufels (BDSt 34), Würzburg 2002, 226.305.

[17] So ausdrücklich Gotthold Hasenhüttl, Glaube ohne Mythos. Band I: Offenbarung, Jesus Christus, Gott, Mainz 2001, 700.

[18] Jacob Taubes, Vom Kult zur Kultur. Bausteine zu einer Kritik der historischen Vernunft, München 1996, 111.

19 Vgl. José A. Zamora, Zeit – Katastrophe – Erkenntnis, in: Jürgen Manemann (Hg.), Befristete Zeit (Jahrbuch Politische Theologie Bd.3), Münster 1999 71–93, hier 72f.

20 Vgl. Johann Reikerstorfer, Politische Theologie als „negative Theologie". Zum zeitlichen Sinn der Gottesrede, in: ders. (Hg.), Vom Wagnis der Nichtidentität FS J.B. Metz, Münster 1998, 24; dazu Roland Faber, Zeitumkehr. Versuch über einen eschatologischen Schöpfungsbegriff, in: ThPh 75 (2000) 180–205, hier 204.

21 Dieses Wesen „lebt in der Angst, die Herrlichkeit seines Innern durch Handlung und Dasein zu beflecken, und um die Reinheit seines Herzens zu bewahren, flieht es die Berührung der Wirklichkeit und beharrt in der eigensinnigen Kraftlosigkeit, seinem zur letzten Abstraktion zugespitzten Selbst zu entsagen." (Georg Friedrich Wilhelm Hegel, Phänomenologie des Geistes VI C c, in: Bd. 9, 360).

22 Hans Weder, Gegenwart und Gottesherrschaft. Überlegungen zum Zeitverständnis Jesu und im frühen Christentum, Neukirchen-Vluyn 1993, 31f. Vgl. Johanna Rahner, Apokalyptik – Mutter der christlichen Theologie?, in: Jürgen Manemann (Hg.), Befristete Zeit, 228f.

23 Franz Rosenzweig, Der Mensch und sein Werk, in: Ges. Schriften, Bd. II, Den Haag-Dordrecht 1980, 250; vgl. Karl-Heinz Menke, Der Gott, der jetzt schon Zukunft schenkt. Plädoyer für eine christologische Theodizee, in: Harald Wagner (Hg.), Mit Gott streiten. Neue Zugänge zum Theodizee-Problem (QD 169), Freiburg – Basel – Wien 1998, 90–130.

24 Walter Gross / Karl-Josef Kuschel, „Ich schaffe Finsternis und Unheil!" Ist Gott verantwortlich für das Übel? Mainz 1985; Vgl. auch die Beiträge: Walter Gross, „Trifft ein Unglück die Stadt, und der Herr war nicht am Werk?", in: Gotthard Fuchs (Hg.), Angesichts des Leids an Gott glauben? Zur Theologie der Klage, Frankfurt 1996, 83–100; ders., Ein Schwerkranker betet. Psalm 88 als Paradigma, in: ebd. 101–118; Karl-Josef Kuschel, Ist Gott verantwortlich für das Übel? Überlegungen zu einer Theologie der Anklage, in: ebd. 227–261.

25 Walter Gross / Karl-Josef Kuschel, "Ich schaffe Finsternis und Unheil" 12.

26 Vgl. auch Karl-Josef Kuschel, Die Auseinandersetzung der Theologie mit dem Übel in der Geschichte der Kirche. Theologiegeschichtliche Perspektiven, in: Hermann Kochanek (Hg.), Wozu das Leid? Wozu das Böse? Die Antwort von Religionen und Weltanschauungen, Paderborn 2002, 43–98, hier 82.

27 Ernst Bloch, Atheismus und Christentum (Ges. Werke 14), Frankfurt a.M. 1968, 152; vgl. dazu Magnus Striet, Offenbares Geheimnis. Zur Kritik der negativen Theologie, Regensburg 2003, 29–31.

28 Ernst Bloch, Atheismus und Christentum 163.

29 Vgl. dazu Hansjürgen Verweyen, Kants Gottespostulat und das Problem sinnlosen Leidens, in: ThPh 62 (1987) 580–587; Robert Spaemann, Die Frage nach der Bedeutung des Wortes Gott, in: IkaZ (Communio) 1 (1972), 54–72.

30 Albert Görres, Das Böse. Wege zu seiner Bewältigung in Psychotherapie und Christentum, Freiburg i.B. 1982, 237.

31 Gottfried Wilhelm Leibnitz, Die Theodizee. Von der Güte Gottes, der Freiheit des Menschen und den Ursachen des Übels. Erster Teil. in: Philosophische Schriften. Herausgegeben und übersetzt von Herbert Herring. Darmstadt 1985. Bd. 2/1, 206–365. Vgl. dazu Armin Kreiner, Gott im Leid. Zur Stichhaltigkeit der Theodizee-Argumente (QD 168), Freiburg i.B. Herder: 1997, 89–163.

32 Gisbert Greshake, Der Preis der Liebe. Besinnung über das Leid, Freiburg i.B. 1985, 46.

[33] Simone Weil, Cahiers. Aufzeichnungen 2, hg. und übersetzt von Elisabeth Edl und Wolfgang Matz, München – Wien 1993, 216.

[34] Vgl. Günther Schiwy, Abschied vom allmächtigen Gott, München 1995.

[35] Carl-Friedrich Geyer, Die Theodizee. Diskurs, Dokumentation, Transformation, Stuttgart 1992, 35f.85.294.

[36] Thomas Pröpper, Fragende und Gefragte zugleich 273; vgl. dazu auch Magnus Striet, Offenbares Geheimnis. Zur Kritik der negativen Theologie 257–260.

[37] „Vergeßlichkeit, weil man wegblicken und weghören, überhaupt die Wahrnehmung auf einen reduzierten Gesichtswinkel schalten muß, um an der glatten Haut der Kultur Freude zu haben. Zwang, weil die Lebensinhalte allesamt auf Unterhaltungsergiebigkeit getestet werden und die Wahrheitsfrage in den säkularen Bereich der Experten abgedrängt wird. Wie menschlich immer Nachrichten, Fakten, Ereignisse sein mögen, welche Schrecken und Entzückungen, wie viel fassungsloses Schweigen oder Schreie sie verursachen könnten, das Design erlaubt ihnen nicht mehr zu sein als ein animierendes Gustostück." (Gottfried Bachl, Der schwierige Jesus, Innsbruck-Wien 1994, 105–106)

[38] Theodor W. Adorno, Negative Dialektik, in: GW 6, hg. von Rolf Tiedemann, Frankfurt a. M. 1970, 340. Vgl. auch 355f.

[39] Vgl. dazu Theodor W. Adorno, Minima moralia. Reflexionen aus dem beschädigten Leben (GW 4, hg. von R. Tieddemann), Darmstadt 1998, 86.

[40] Simone Weil, Cahiers. Aufzeichnungen 4, hg. und übersetzt von Elisabeth Edl und Wolfgang Matz, München-Wien 1998, 132. Simone Weil, Aufmerksamkeit für das Alltägliche. Ausgewählte Texte zu Fragen der Zeit. Hg. und erl. von O. Betz, München 1987, 61.

[41] Simone Weil, Zeugnis für das Gute. Traktate, Briefe, Aufzeichnungen. Aus dem Französischen übersetzt und herausgegeben von F. Kemp, München 1990, 60.

[42] Simone Weil, Cahiers 2, 234.

[43] Simone Weil, Cahier 2, 233.

[44] F. M. Dostojevskij, Die Brüder Karamasow, München 1978, 330f.

[45] Jeshajahu Leibowitz, Gespräche über Gott und die Welt. Mit Michael Shashar, Frankfurt a.M. 1990, 148.

[46] Emil L. Fackenheim, Die gebietende Stimme von Auschwitz, in: Wolkensäule und Feuerschein. Jüdische Theologie des Holocaust, Hrsg. von Michael Brocke und Herbert Jochum, Gütersloh 1993, 73–110, hier 95.

[47] Johann Baptist Metz, Glaube in Geschichte und Gesellschaft. Studien zu einer praktischen Fundamentaltheologie, Mainz ⁵1992; Zum Begriff der neuen Politischen Theologie 1967–1997, Mainz 1997, bes. 149–155; Jenseits bürgerlicher Religion. Reden über die Zukunft des Christentums, Mainz 1980, bes. 29–50; Eugen Kogon/Johann Baptist Metz u.a., Gott nach Auschwitz. Dimensionen des Massenmords am jüdischen Volk. Freiburg i.B. ⁴1989, bes. 121–144; Johann Baptist Metz, Theodizee-empfindliche Gottesrede, in: ders. (Hg.), Landschaft aus Schreien. Zur Dramatik der Theodizeefrage, Mainz 1995, 81–102; Günter B. Ginzel (Hg.), Auschwitz als Herausforderung für Juden und Christen, Heidelberg 1980; Tiemo Rainer Peters, Johann Baptist Metz. Theologie des vermissten Gottes, Mainz 1998, bes.125–136.

[48] Johann Baptist Metz, Theodizee-empfindliche Gottesrede, in: ders. (Hg.), Landschaft aus Schreien. Zur Dramatik der Theodizeefrage, Mainz 1995, 81–102, hier 82.

49 Zur Kritik der Gewalt und andere Aufsätze, Frankfurt a.M. 1965, 78–94. – Zu dieser Auseinandersetzung vgl. Helmut Peukert, Wissenschaftstheorie – Handlungstheorie – Fundamentale Theologie. Analysen zu Ansatz und Status theologischer Theoriebildung, Düsseldorf 1976, 278–280.

50 Johann Baptist Metz, Glaube in Geschichte und Gesellschaft 102.

51 Günther Anders, Ketzereien, München 1982, 104.

52 A.a.O. 124.

53 A.a.O. 131.

54 Johann Baptist Metz, Christen und Juden nach Auschwitz, in: ders., Jenseits bürgerlicher Religion. Reden über die Zukunft des Christentums, München – Mainz 1980, 29–50, hier 31.

55 Vgl. dazu Gottfried Bachl, Andacht auf dem Appellplatz, in: Manfred Scheuer (Hg.) Ge-Denken. Mauthausen/Gusen – Hartheim – St. Radegund, Linz 2002, 148–166, hier 166; Magnus Striet, Offenbares Geheimnis. Zur Kritik der negativen Theologie 233.

56 Johannes Brantschen, Warum lässt der gute Gott uns leiden? Freiburg 1986; Christlicher Glaube in moderner Gesellschaft 37, 141–197; Gisbert Greshake, Wenn Leid mein Leben lähmt. Leiden – Preis der Liebe? Freiburg 1992; Meinrad Limbeck, Die Klage – eine verschwundene Gebetsgattung, In: ThQ 157 (1977) 3–16; Henning Graf Reventlow, Gebet im Alten Testament, Stuttgart 1986; Hans Schaller, Verbirg nicht dein Gesicht vor mir. Vom christlichen Bitten und Klagen, Mainz 1982; ders., Das Bittgebet. Testfall des Glaubens, Einsiedeln 1979; Ursula Struppe, Art. Klage, in: PLSp 715f.; Claus Westermann, Lob und Klage in den Psalmen, Göttingen 1983.

57 Jürgen Werbick, Art. Gott, in: LThK ³4, 868; Thomas Pröpper, Fragende und gefragte zugleich. Notizen zur Theodizee, in: T.R.Peters/ Th. Pröpper/ H. Steinkamp (Hg.), Erinnern und Erkennen. Denkanstöße aus der Theologie von Johann Baptist Metz, Düsseldorf 1993, 61–72.

Reinhold Boschki

Von Hiob bis Auschwitz.
Klage in der jüdischen Tradition

1. Bilder als Auslegung der Bibel

Es gibt höchst unterschiedliche, künstlerische Bearbeitungen der biblischen Hioberzählung, die völlig differente Wahrnehmungen von Hiobs Geschichte und seinem Schicksal zum Ausdruck bringen, bzw. die völlig unterschiedlichen Schwerpunkte im biblischen Text betonen. Betrachten wir zunächst einmal das berühmte Hiob-Bild von Walter Habdank:

Walter Habdank „Hiob", 24 Holzschnitte zur Bibel

Deutlich wird, dass hier der büßende, um seine Kinder trauernde Hiob im Vordergrund steht, ein Hiob, der, nachdem ihn unsägliches Leid heimgesucht hatte, sein Gewand zerreist (ein Trauerritus), sein Haar scheren lässt, auf die Erde fällt und betet (Hiob 1,20). Schließlich verliert er auch noch seine Gesundheit: Die Bibel schreibt, er habe bösartige Geschwüre von der Fußsohle bis zum Scheitel (Hiob 2,7). Daraufhin setzt er sich mitten in die Asche (ein Bußritus) und nimmt eine Scherbe, um seine Haut damit zu schaben: Hiob, der Leidende, der Büßende, der Demütige!

Ganz anders geprägt sind weitere Darstellungen, beispielsweise die von Albert Birkle:

Albert Birkle, Hiob,
Zeichnung Hiob 3

Ähnlich in der Ausrichtung zeigt sich ein weiteres Bild, das von Hans
Fronius mit dem Titel: „Hiob verfasst eine Anklageschrift":

Hans Fronius, Hiob verfasst eine Anklageschrift.

In den letzten beiden Darstellungen wird eine ganz andere Seite Hiobs
betont als in dem Bild von Habdank, nämlich die aufbegehrende, die
rebellische Seite der Hiob-Erzählung. Das Buch Hiob hat in seiner Entstehungsgeschichte eine lange und sehr unterschiedliche Entwicklung
durchgemacht. Je nach dem politischen, historischen und religiösen
Standort der Redakteure der ursprünglichen so genannten Rahmener-
zählung wurde die Geschichte Hiobs fortgeschrieben, überarbeitet, neu
interpretiert. Schon in der Genese der Bibel wird somit ein Hauptkenn-

zeichen jüdischer Umgangsweise mit der Heiligen Schrift deutlich: dem des *Midrasch*. *Midrasch*, abgeleitet von dem hebräischen Wort „*darasch*" (suchen, fragen, auslegen) heißt wörtlich die suchende und fragende Auslegung des biblischen Textes. Wie nun legen die Rabbiner und Schriftgelehrten in der jüdischen Tradition den Text aus?

2. *Grundzüge jüdischer Schriftauslegung*

Die Umgangsweise mit dem Text in der Tradition des Judentums ist die des Kommentars. Kommentar wird weitaus tiefer verstanden als eine oberflächliche Beschäftigung und situative Auslegung. Sie versteht sich als Herz des jüdischen Selbstverständnisses: „Das Judentum ist ohne endlos fortgesetzten Kommentar und Kommentar zum Kommentar nicht denkbar."[1] Der Kommentar kann als „signifikante Denkform im Judentum" verstanden werden.[2]

„Der Midrasch ist ... primär die aktualisierende, auf die jeweilige Gegenwart bezogene Auslegung der heiligen Schrift. Midrasch in diesem weiteren Sinn findet man ansatzweise schon in der Bibel selbst (die Reinterpretation bestimmter Verse oder Bücher in späteren biblischen Schriften) ... Im technischen Sinne bedeutet Midrasch daher sowohl den konkreten Vollzug des Auslegens ... als auch eine ganz bestimmte Auslegung ..."[3]

Nach wie vor haben die großen Kommentare zur Heiligen Schrift, der *Midrasch* und der *Talmud*, eine zentrale Stellung in der rabbinischen Hermeneutik, sie gelten als Inbegriff und Höchstform der jüdischen Kultur des Kommentars.[4] Der Begriff *Midrasch* steht indes nicht nur für ein bestimmtes Werk, wie der *Talmud*. Es finden sich beispielsweise *Midraschim*, also Auslegungen und midraschische Schriften, im *Talmud* selbst. *Midrasch* bedeutet alles Kommentieren und Auslegen, weshalb auch die Predigt im synagogalen Gottesdienst als *Deraschah* bezeichnet wird, was von derselben Wortwurzel stammt.

„Dieses Lesen ohne Ende stellt die wichtigste Garantie jüdischer Identität dar. Unbeirrbares minuziöses Thorastudium geht als Gebot allen anderen Riten und Pflichten vor. Der Dialog mit dem letztlich, aber nur letztlich, unergründlichen Text ist der Atem jüdischer Geschichte und jüdischen Seins. Er hat sich als Werkzeug zu einem nur wenig wahrscheinlichen Überleben erwiesen."[5]

Die Auslegung wird vollzogen als „Dialog" mit dem heiligen Text, es ist ein engagierter, aktiver Prozess, den der einzelne Kommentator existentiell und vor dem Hintergrund seiner je eigenen Lebensumstän-

de – also auch der historischen und gesellschaftlichen Voraussetzungen
– betreibt. Der Judaist Günter Stemberger fasst die rabbinische Auffassung folgendermaßen zusammen: „Midrasch ist primär religiöse Betätigung, ewiger Dialog Israels mit seinem Gott."[6] In der Auslegung, *in der aktualisierenden Beschäftigung mit der Torah, ereignet sich Dialog mit Gott.*

Um diesen zentralen Punkt genauer zu verstehen, ist es entscheidend, sich die Konturen jüdischen Offenbarungsverständnisses zu vergegenwärtigen. Der große jüdische Gelehrte, Judaist und Kabbala-Forscher *Gershom Scholem* (1897–1982) hat in einem 1962 verfassten Text mit dem Titel „Offenbarung und Tradition als religiöse Kategorien im Judentum"[7] die Frage ausgeworfen: Wie ist Tradition möglich, ohne dass es eines Tages zum Traditionsabbruch kommt? Was ist der *innere Zusammenhang bei der Weitergabe der Überlieferung* von einer Generation an die nächste? Scholem erkennt das innere Band des Überlieferungsgeschehens in einem Wechselspiel aus rezeptiven und schöpferisch-spontanen Elementen. Tradition bildet sich zum einen durch Weitergabe des Wissens und des Glaubensgutes. Doch die nächste Generation tritt mit diesem Glaubensgut in eine besondere Beziehung: Sie übernimmt nicht einfach und liefert es wortwörtlich weiter, sondern sie bringt *ein kreatives Element in den Prozess der Überlieferung ein.*[8] Durch die Kommentare der späteren Generation werden die *Torah* und die Kommentare der früheren Generationen in einem neuen Licht gedeutet. Entscheidend dabei ist, dass für Scholem das Neue *offenbarenden Charakter* hat. Der Kommentar selbst hat an dem Prozess der Offenbarung Anteil. Das Neue, das geschaffen wird, besitzt selber „religiöse Dignität"[9], denn der Vorgang des Kommentierens ist eine andauernde Enthüllung des bereits Offenbarten.

Damit wird deutlich, dass Tradition in rabbinischem Verständnis kein starres Gebilde ist: „Diese Tradition ist nicht einfach Summe dessen, was die Gemeinschaft als kulturelles Gut besitzt und den Kommenden überliefert."[10] Sie ist lebendiges, organisches Ganzes, das durch stets neue, kreative Momente weiterentwickelt wird. Diese Weiterentwicklung aber setzt den Dialog mit dem Text, die intensive Beziehung zum Text in Demut und Hingabe voraus. Der kommentierende *Midrasch* – Scholem übersetzt *Midrasch* wörtlich mit „Einbohren" – ist *ein schöpferischer Prozess, der die Tradition durchdringt und verwandelt.*[11]

Es ist nötig, diese Grundzüge jüdischer Schriftauslegung an den Anfang des Themas „Klage in der jüdischen Tradition" zu stellen. Denn nur so kann deutlich werden, warum in bestimmten Traditionen des Judentums die Klage so wichtig wurde. Die Klagetradition im Judentum ist Ausdruck einer bestimmten Lesart der Heiligen Schrift, einer bestimmten Auslegung, einer Art und Weise des Kommentierens, die versucht, die Situation des Menschen vor dem Hintergrund der biblischen Schriften – und die biblischen Schriften vor dem Hintergrund der Situation des Menschen neu zu deuten. Wie die eingangs gezeigten Bilder die Hioberzählung ganz unterschiedlich interpretieren, gibt es in der jüdischen Tradition ganz unterschiedliche Texte der Auslegung zum Hiobbuch. *Die Klagetheologie im Judentum versucht stets diesen Aspekt des Hiobbuches hervorzuheben. Sie ist entstanden in Situationen extremen Leidens und zieht sich wie ein roter Faden durch die Geschichte jüdischen Lebens.* Manche sehen sogar in dieser Klagetradition nicht nur einen Teilaspekt jüdischer Existenz, sondern einen zentralen Punkt des Glaubens und des Gottesverständnisses.

Ich werde mich nun in mehreren Schritten dieser klagenden Glaubensweise nähern: Ausgehend von den biblischen Ursprüngen (3.) komme ich zu den rabbinischen Interpretationen (4.) in *Midrasch* und *Talmud*, streife einige mittelalterliche Klagetraditionen, wende mich insbesondere dem Klagemotiv im *Chassidismus* des 18. und 19. Jahrhunderts zu (5.) – bis hin zur jüdischen Gottesklage angesichts des Schreckens von Auschwitz (6.). Am Ende ziehe ich einige Konsequenzen für uns Christen und für die heutige Zeit (7.).

3. Biblische Texte des Streitens mit Gott und Klagens gegen Gott

Die Klagetraditionen der Bibel sind vielfältig und vielschichtig.[12] Sie tauchen zu unterschiedlichen Zeiten in ihrer Entstehungsgeschichte und in höchst unterschiedlichen biblischen Büchern auf. Die rabbinischen Auslegungen späterer Jahrhunderte bis ins Mittelalter und in die Neuzeit haben sich nicht allein auf Hiob, sondern zunächst und mit größerer Autorität auf *Abraham* als den Urvater der Ringens mit Gott berufen. Abraham hat im Kanon der Heiligen Schrift als erster den Mut, Gott die Stirn zu bieten: Die dramatischste Variante findet sich in der Geschichte, in der Abraham mit Gott über das Schicksal der Menschen von Sodom und Gomorra streitet. Gott hat es satt mit den verwerflichen und lästerlich lebenden Einwohnern dieser beiden Städte. Lange genug hat er zugeschaut. Jetzt reicht es ihm, er will Sodom und

Gomorra zerstören. „Halt!" ruft Abraham mitten in die Rede Gottes. „Stopp! Das kannst Du doch nicht machen! Bist Du wahnsinnig Gott – oder was? Willst Du etwa Gerechte und Ungerechte ohne Unterschied umlegen? Schau doch mal. In jeder Stadt, in jedem Land leben schlimme Leute und gute. Man kann sie doch nicht unterschiedslos verurteilen!"

Das sind moderne Worte, im biblischen Text hört sich das folgendermaßen an (Gen 18,23–32):

23 [Abraham] trat näher und sagte: Willst du auch den Gerechten mit den Ruchlosen wegraffen?

24 Vielleicht gibt es fünfzig Gerechte in der Stadt: Willst du auch sie wegraffen und nicht doch dem Ort vergeben wegen der fünfzig Gerechten dort?

25 Das kannst du doch nicht tun, die Gerechten zusammen mit den Ruchlosen umbringen. Dann ginge es ja dem Gerechten genauso wie dem Ruchlosen. Das kannst du doch nicht tun. Sollte sich der Richter über die ganze Erde nicht an das Recht halten?

26 Da sprach der Herr: Wenn ich in Sodom, in der Stadt, fünfzig Gerechte finde, werde ich ihretwegen dem ganzen Ort vergeben.

27 Abraham antwortete und sprach: Ich habe es nun einmal unternommen, mit meinem Herrn zu reden, obwohl ich Staub und Asche bin.

28 Vielleicht fehlen an den fünfzig Gerechten fünf. Wirst du wegen der fünf die ganze Stadt vernichten? Nein, sagte Gott, ich werde sie nicht vernichten, wenn ich dort fünfundvierzig finde.

29 Er fuhr fort, zu ihm zu reden: Vielleicht finden sich dort nur vierzig. Da sprach Gott: Ich werde es der vierzig wegen nicht tun.

30 Und weiter sagte er: Mein Herr zürne nicht, wenn ich weiterrede. Vielleicht finden sich dort nur dreißig. Gott entgegnete: Ich werde es nicht tun, wenn ich dort dreißig finde.

31 Darauf sagte er: Ich habe es nun einmal unternommen, mit meinem Herrn zu reden. Vielleicht finden sich dort nur zwanzig. Gott antwortete: Ich werde sie um der zwanzig willen nicht vernichten.

32 Und nochmals sagte er: Mein Herr zürne nicht, wenn ich nur noch einmal das Wort ergreife. Vielleicht finden sich dort nur zehn. Und wiederum sprach Gott: Ich werde sie um der zehn willen nicht vernichten.

33 Nachdem der Herr das Gespräch mit Abraham beendet hatte, ging er weg und Abraham kehrte heim.

In diesem Text steht nicht so sehr die Klage gegen Gott im Vordergrund, sondern das Element des Streitens mit Gott. Abraham streitet um die Gerechtigkeit Gottes – Gerechtigkeit, ein Attribut Gottes, das ihn doch in besonderer Weise kennzeichnet. Wenn alle Welt ungerecht ist – Gott ist und bleibt der Gerechte! Und ausgerechnet er sollte ungerecht sein? Ausgerechnet er will unterschiedslos Schuldige und Unschuldige hinraffen?

Man sieht deutlich, dass der Text natürlich ein Niederschlag historischer Erfahrungen darstellt. Die Frage, die hinter dem Text steht, ist die Urfrage der so genannten Theodizee: Wie kann man das Leiden in der Welt zusammen denken mit dem Glauben an einen gerechten und guten Gott? Der biblische Verfasser dieses Textes traut dem Menschen, hier Abraham, zu, die Gerechtigkeit erkennen zu können und gibt ihm die Autorität, sie vor Gott einzuklagen. Das entspricht einer ungeheueren Aufwertung des Menschen. Der Mensch ist nicht eine kleine Marionette eines übermächtigen Herrschers, der nur nach dessen Pfeife tanzen könnte. Er ist ebenbürtiger Partner Gottes. Das biblische Motiv des Streitens mit Gott ist Ausdruck eines partnerschaftlichen, dialogischen Gottesbildes.

Eine weitere Zentralstelle, an der das Streiten mit Gott in der Bibel zum Vorschein kommt und auf die die spätere Tradition immer wieder Bezug nimmt, ist die berühmte Stelle des Jakobskampfes in Gen 32. Der Text liest sich folgendermaßen:

23 In derselben Nacht stand er auf, nahm seine beiden Frauen, seine beiden Mägde sowie seine elf Söhne und durchschritt die Furt des Jabbok.

24 Er nahm sie und ließ sie den Fluss überqueren. Dann schaffte er alles hinüber, was ihm sonst noch gehörte.

25 Als nur noch er allein zurückgeblieben war, rang mit ihm ein Mann, bis die Morgenröte aufstieg.

26 Als der Mann sah, dass er ihm nicht beikommen konnte, schlug er ihn aufs Hüftgelenk. Jakobs Hüftgelenk renkte sich aus, als er mit ihm rang.

27 Der Mann sagte: Lass mich los; denn die Morgenröte ist aufgestiegen. Jakob aber entgegnete: Ich lasse dich nicht los, wenn du mich nicht segnest.

28 Jener fragte: Wie heißt du? Jakob, antwortete er.

29 Da sprach der Mann: Nicht mehr Jakob wird man dich nennen,

sondern Israel (Gottesstreiter); denn mit Gott und Menschen hast du gestritten und hast gewonnen.

³⁰ Nun fragte Jakob: Nenne mir doch deinen Namen! Jener entgegnete: Was fragst du mich nach meinem Namen? Dann segnete er ihn dort.

³¹ Jakob gab dem Ort den Namen Penuël (Gottesgesicht) und sagte: Ich habe Gott von Angesicht zu Angesicht gesehen und bin doch mit dem Leben davongekommen.

³² Die Sonne schien bereits auf ihn, als er durch Penuël zog; er hinkte an seiner Hüfte.

Diese Erzählung ist nicht leicht zu interpretieren, es sind mehrere alte, ja archaische Traditionen miteinander verwoben: 1. eine von der Umbenennung des Namens Jakob in Israel (vgl. 35,9f); 2. eine, die die Herkunft des Ortsnamens Penuël erklärt (Gottesgesicht); 3. eine, die den sonderbaren Brauch begründet, den Muskelstrang über dem Hüftgelenk der Tiere nicht zu essen. Der unbekannte „Mann" war vielleicht in der vorisraelitischen Form der Erzählung ein dämonisches Wesen; die israelitische Tradition erkennt in ihm Gott selbst oder zumindest ein himmlisches Wesen, einen Engel. Und Jakob ist der, der mit diesem Wesen ringen muss. Erst nach und nach erkennt er, dass es Gott selbst ist: „Ich lasse dich nicht los, wenn du mich nicht segnest." Er spürt, dass er mit Gott ringt. In der weiteren Tradition des Judentums sollte das Ringen mit Gott ein Leitmotiv der religiösen Überlieferung werden. Ringen mit Gott, streiten mit Gott – Jisra-El.

Gott soll nicht stärker sein als der Mensch? Der Mensch

ist gleich stark wie Gott? Auch an dieser Stelle kommt die ungeheure Würde des Menschen zum Ausdruck. Hier ist der Mensch nicht ein Staubkorn am Rande des Universums, wie ihn die moderne Philosophie beschreibt. Er ist weit mehr, er steht Gott nahezu gleichberechtigt gegenüber. Der Mensch kann und darf mit Gott streiten.

Es ist wiederum Walter Habdank, der diesem biblischen Motiv einen wunderbaren künstlerischen Ausdruck verliehen hat: Jakobs Kampf mit Gott als Holzschnitt (siehe Abb.).

Es gibt zahlreiche weitere Stellen, an denen sich eine Theologie des Streitens mit Gott und des Klagens gegen Gott niederschlägt. Die bekanntesten wurden bereits im Laufe der Tagung angesprochen und sollen hier nur nochmals erwähnt werden: *Die Psalmen*, der großartige, poetische Gebetsschatz Israels, enthalten eine Vielzahl von Klagen und Fragen an Gott, von vehementen Anklagen Gottes. Gott wird ohne Zurückhaltung angeklagt, die Klage wird zu einer regelrechten Gebetsgattung; Israels Geschichte – nicht nur in biblischer Zeit – kann verstanden werden als „eine Geschichte der Klage".[13] Die individuelle Klage bis hin zu Hiob wehrt sich gegen den Vorwurf, das Leiden sei Folge eigener Sünde; im Bewusstsein der Ungerechtigkeit unschuldigen Leidens wendet sie ihr Aufbegehren gegen Gott selbst:

„Die Psalmen enthalten Lieder, Gebete, Worte, die aufgeschrieben wurden, damit sie in ähnlichen Situationen nachgesprochen werden können, die im Auf und Ab des Lebens so auch für schwere Erfahrungen hilfreiche Sprache bereithalten. Der Mensch kann mit den Psalmen das ihm Bittere in Worte fassen, Erlittenes hörbar machen, die Nöte des Daseins einschließlich seiner Ungewissheit, Enttäuschung, Angst und Zweifel aus- und ansprechen, vor Gott bringen. Die Klage über das Schicksal und die Erfahrung der Verlorenheit lässt sich in die Klage zu Gott hinein nehmen, so dass sie nicht aus dem Glauben herausfällt."[14] Ähnliche Klagelieder finden sich bei *Jeremia*,[15] in dem biblischen Buch der *Klagelieder* und natürlich im *Hiobbuch*, aber auch an zahlreichen weiteren Stellen der hebräischen Bibel wieder. Alle Streit- und Klagetexte enthalten ähnliche Motive. Man klagt gegen Gott

- indem man an seine Gerechtigkeit appelliert,
- um seines heiligen Namens Willen,
- unter Berufung auf Gottes früheren Taten und Versprechungen,
- mit Verweis auf die Ungerechtigkeit, die dem Ausmaß der Strafe innewohnt, vergleicht man sie mit den relativ geringen Sünden oder der Unschuld der Beteiligten.

Zusammenfassend kann man sagen, dass die große Botschaft der biblischen Klage- und Streitmotive lautet: Der Mensch hat das Recht gegen Gott zu klagen, mit ihm zu ringen und zu streiten, dann nämlich, wenn es um die Gerechtigkeit und letztlich um die Menschlichkeit geht. Er darf klagen und streiten, wenn das eigene Leiden oder das der anderen zu groß wird, zu unermesslich und untragbar, so dass es selbst Gott reuen muss. Der Mensch darf sozusagen auf gleicher Augenhöhe vor Gott treten und ihm seine Klagen und seinen Aufruhr entgegen schreien. Gott hält dies aus, Gott lässt dies zu.

4. Das rabbinische Judentum

In der nachbiblischen Tradition des Judentums wurden diese Motive aufgenommen und radikalisiert.[16] Insbesondere die Katastrophe von 70 n.Chr., die Zerstörung des Tempels von Jerusalem durch die Römer und die Zerstreuung der Juden in alle Winkel des römischen Reiches, war Anlass für eine immense Produktion rabbinischer Antwortversuche, die stets als *Midraschim,* als Auslegungen biblischer Motive und Texte erfolgt sind. Die nachbiblischen Rabbiner verstärkten das Moment des Protestes gegen Gott, ihr Aufbegehren wird ausdrücklicher und steht unter der alles bestimmenden Prämisse, nämlich die Klage geschieht um der Menschen willen. Gott wird angeklagt im Namen derer, die leiden, mit dem Ziel, für die Gequälten, Linderung und Hilfe einzufordern. Die Texte, die in dieser Hinsicht die deutlichste Sprache sprechen, finden sich im *Midrasch Klagelieder Rabba.*[17] Sie folgen in der Regel einem dreistufigen Schema: Adressat (meist „Herr des Universums!") – Anklage – göttliche Antwort. An letztere kann sich eine erneute Klage oder eine konkrete Bitte anschließen. Zum Teil fungieren Vorfahren wie die biblischen Patriarchen Abraham, Isaak und Jakob oder häufig auch Moses als Ankläger gegen Gott. In dem *Midrasch Exodus Rabba* beispielsweise ruft Moses angesichts der Leiden des Volkes verzweifelt zu Gott:

> „Herr des Universums! Hast Du nicht Dir selbst und den Vätern geschworen, Du wirst ihre Kinder niemals auslöschen?" Daraufhin muss Gott zugeben: „Ja, es ist Recht, so wie ich in alle Ewigkeit bin und sein werde, so bleibt mein Versprechen in alle Ewigkeit bestehen."[18]

Immer wieder taucht im *Midrasch* die Klage auf: „Gott, Du hast uns geboten zu erinnern. Erinnere Du Dich an Deine eigenen Verheißungen!" oder: „Du hast für unsere Väter Wunder gewirkt? Wo bleiben die Wunder für uns?" Besonders angesichts des babylonischen Exils entstehen nachbiblische Texte, die Gott für seine Taten oder Unterlassungen anklagen. Sehr häufig treten die Urväter als Ankläger auf: Abraham schreit Gott entgegen: „Warum nur hast Du meine Kinder ins Exil geschickt und sie den Feinden ausgeliefert?" Gott wird als die Ursache für die Leiden des Volkes gebrandmarkt. Gott ist Schuld an dem Schicksal Israels. Er muss sich rechtfertigen. An einer Stelle argumentiert der *Midrasch* besonders scharf:

„Herr des Universums! Du hast in der Torah geboten: ,Ein Rind oder ein Schaf sollst du nicht am gleichen Tag mit seinem Jungen schlachten.' (Lev 22,28) Nun haben die Feinde Israels, die Chaldäer, unzählige Mütter mit ihren Kindern abgeschlachtet – und Du schweigst dazu?"[19]

In manchen rabbinischen Texten können die Klagen gegen Gott die Form einer Gerichtsverhandlung annehmen:[20] Gott wird auf die Anklagebank zitiert. Die Anschuldigungen und Vorwürfe gegen ihn wiegen schwer. Er habe zu wenig für sein Volk getan, er habe sein Volk vernachlässigt, es den Feinden in die Hände geliefert, das Leiden nicht verhindert. Sowohl das Volk als auch der Einzelne kann als Ankläger auftreten.

„Herr des Universums! Wir haben getan, was Du von uns verlangst. Nun musst Du auch das ausführen, was Du uns versprochen hast!"[21]

Obwohl die Elemente der Klage in der offiziellen Liturgie häufig unterdrückt und gegen Gebete der Hingabe und Unterwerfung unter Gottes Willen eingetauscht wurden,[22] erlauben die unter dem einflussreichen, *talmudischen Rabbiner Akiba* entstandenen Traditionen, auch in der vorgeschriebenen Liturgie gegen Gott zu klagen und ihn an seine Versprechungen vehement zu erinnern.[23] Gottes eigene Worte werden an ihn zurück adressiert, um ihn daran zu erinnern, was er verheißen hat. Diese klagenden Gebete werden in manchen Fällen Teil der offiziellen synagogalen Liturgie.

Im *Mittelalter* finden sich derlei Klagen in jüdischen Gebetsbüchern wieder. Unter den so genannten *Pijjutim*, den liturgischen Gedichten, die die offiziellen Gebete ergänzten und ausschmückten, finden sich zahlreiche *Pijjutim* des Protestes und Klagens gegen Gott.[24] Baruch von Mainz beispielsweise, der in der Zeit des 3. Kreuzzuges am Ende des 12. Jahrhunderts lebte, schrieb angesichts der unsäglichen Leiden ein verzweifeltes Gebet:

„Du, Herr, hast den Unbeschnitten verboten, Lämmer zu opfern. Warum hast Du Dein Gesicht verborgen als sie uns, Dein heiliges Volk, schlachteten, uns, die wir in Dich vertrauten?"[25]

In regelrechten liturgischen Litaneien wurde Gott angerufen, endlich
eine Antwort auf die Frage nach dem Grund des Leidens zu geben:
„Er, der Abraham antwortete, er soll uns antworten,
Er, der Isaak antwortete, er soll uns antworten,
Er, der Jakob antwortete, er soll uns antworten,
Er, der Moses antwortete, er soll uns antworten, ...“[26]
Alle „Heiligen“ der jüdischen Tradition werden aufgerufen und Gott
wird herausgefordert, endlich ein Wort zu sprechen, endlich die Erlö-
sung vom Leiden herbei zu führen.

5. *Klage der chassidischen Meister*

Ein gewisser Höhepunkt in der jüdischen Tradition der Klage ist in der
osteuropäischen jüdischen Tradition des *Chassidismus* zu sehen. Die
im 18. Jahrhundert entstandene Massenbewegung kann als eine „Popu-
larisierung der jüdischen Mystik“ verstanden werden, was Gershom
Scholem zu Recht als Paradox bezeichnet: wenn nämlich Mystik, welche sich eigentlich durch Esoterik, Zurückgezogenheit, völlige Isolation verwirklicht, nun zum Ideal vieler, vor allem einfacher Menschen
wird.[27] Der *Chassidismus* hatte sich bis zum Ende des 19. und Beginn
des 20. Jahrhunderts – zum Teil gegen erheblichen Widerstand der jüdischen Orthodoxie – als bedeutendste religiöse Bewegung im gesamten osteuropäischen Raum etabliert. Die *Chassidim* – wörtlich: „die
Frommem“ – verkörperten eine bestimmte Art zu leben und zu glauben, Feste zu feiern, das Leben und die Hoffung angesichts aller Verzweiflung und Leiden hochzuhalten. Als Begründer gilt der Charisma-
tiker und Wunderheiler *Baal Schem Tow* (ca. 1700–1760), der „Meister
des Guten Namens“. Kennzeichen der Bewegung ist die Immanenz
Gottes: Gott ist mitten in der Welt gegenwärtig. Man kann ihn im Gebet, in der mystischen Versenkung, der so genannten *Dewekut* (wörtlich: Versenkung, innigste Verbindung der Seele mit Gott), wie auch in
der Liturgie, im Gottesdienst und auch in Taten der Nächstenliebe unmittelbar erfahren. Der *Chassidismus* hat umfangreiche Literatur und
eine Fülle von Erzählungen und Geschichten hervorgebracht, die oft
um den *Rebbe* (Rabbiner), den *Zaddik* (den Gerechten, eine Art Leiter
der Gemeinde) und die einfachen Menschen, die Bauern, Handwerker,
den Milchmann, den Viehhändler kreisen.

Bekannt geworden ist der *Chassidismus* v.a. durch die Forschungen
von Gershom Scholem und durch die Erzählungen Martin Bubers.
Auch der Auschwitz-Überlebende Elie Wiesel, auf den ich unten noch

intensiv eingehen werde, stammt aus der chassidischen Tradition und
schrieb eine Vielzahl von Büchern darüber. An einer Stelle beschreibt
Wiesel den *Chassidismus* folgendermaßen:
> „Der *Chassidismus* war damals die revolutionärste Bewegung inner-
> halb des Judentums. Er begeisterte die Jungen, rüttelte die Träumer
> auf, belebte die Armen, die Verzweifelten, die Geschlagenen … Die
> Besten schlossen sich ihr an, was man an den ersten Gefährten des
> Bescht sehen kann. Das waren alles namhafte Gelehrte. Auch sie hat-
> ten gefühlt, dass der *Chassidismus* die jüdische Kontinuität wesent-
> lich förderte: er gab den Hoffnungslosen Hoffnung und vermittelte
> denen, die es brauchten, das Gefühl dazuzugehören. Die entwurzel-
> ten, einsamen, ausgelaugten und ungebildeten Dörfler, die nicht
> durch eigene Schuld, sondern infolge der Umstände am Rande,
> wenn nicht gar außerhalb des Weltgeschehens lebten, fühlten plötz-
> lich, dass sie irgendwohin gehörten, das Volk Israel war ihr Volk,
> sein Schicksal war ihr Schicksal. Die Macht der Bewegung lag nicht
> in einer Ideologie, sondern in der Art zu leben. Der Bescht hatte
> buchstäblich die Atmosphäre und die Qualität des jüdischen Lebens
> in Hunderten von Städten und Dörfern verändert, seine Siege zeig-
> ten sich im Überleben dieser zerstreuten Gemeinde."[28]

In dieser chassidischen Bewegung nimmt der fromme aber bestimmte
Disput mit Gott einen wichtigen Platz ein.[29] Eine Vielzahl chassidischer
Erzählungen des Protests gegen Gott illustrieren die Gottesleidenschaft
der Meister und Rabbinen jener Zeit. Ihr Ringen reicht von der Klage
über selbst erfahrenes Leid, dem Anklagen Gottes aufgrund des Leidens
anderer bis zum formellen, rabbinischen Prozess gegen Gott.[30]

Ich möchte aus der Vielzahl der Klagetraditionen im *Chassidismus* ein
Beispiel heraus greifen, das besonders markant ist. Der chassidische
Rabbiner Rabbi *Levi-Jizchak von Berditschew* (ca. 1740–1809) wagte
es, sich durch seine Dispute mit Gott und seine kühne Revolte gegen
den Allmächtigen zu stellen: „Andere vor ihm hatten ebenfalls Zwie-
sprache mit Gott gehalten. Aber keiner war so tollkühn gewesen, sich
gegen Gott zu stellen."[31] Levi-Jizchak ruft Gott für die Qualen des Volkes zur Verantwortung. Der Rabbiner verlangte Gottes Gegenleistung
für die Treue des Volkes Israel. Nun sei es Zeit, dass auch Gott seine
Treue erweist. Levi-Jizchak verfügte über gewichtige Argumente:
> „Seit dem Du den Bund mit Deinem Volk geschlossen hast, arbeitest
> Du hartnäckig darauf hin, ihn zu brechen, indem Du ihn auf die Pro-

be stellst. Warum? Erinnere Dich: Auf dem Berg Sinai bist Du mit Deiner Thora hausieren gegangen wie ein Händler, der seine faulen Äpfel nicht loswerden kann. Allen Völkern hast Du Deine Gebote angepriesen; sie aber kehrten sich voll Verachtung ab. Nur Israel erklärte sich bereit, sie anzunehmen, Dich zu akzeptieren. Wo bleibt die Gegenleistung?"[32]

Und dann, der Höhepunkt: Rabbi Levi-Jizchak war so dreist, Gott mit dem Abbruch der Beziehung zu ihm zu drohen. Eines Tages, als die Leiden zu groß, zu unerträglich wurden, blieb Levi-Jizchak den ganzen Tag lang vor seinem Vorbeterpult in der Synagoge stehen, ohne ein Wort zu sagen, ohne dass ein Gebet über seine Lippen kam. Er hatte Gott vorher gewarnt:

„Wenn Du Dich weigerst, unsere Gebete zu erhören, spreche ich sie nicht mehr."

Diese chassidische Überlieferung hat eine breite Wirkungsgesichte nach sich gezogen. Die Geschichte wurde immer wieder erzählt, insbesondere in Zeiten der Not, um Menschen zu ermutigen, selbst gegen Gott zu klagen, dann nämlich, wenn einem die Stimme des Gebets versagt angesichts dessen, was man zu erdulden hat. Inzwischen gibt es auch eine Vertonung dieser Erzählung, in der der fromme Rebell sein Gebet verstummen lässt:

„Rebbe Levi-Jizchak, in a Tallit *(Gebetsmantel)* un a Teffilin *(Gebetsriemen),*
rührt sich nicht vor Gott.

Er steht vernummen *(versunken),* der Sidur *(Gebetsbuch)* is offen,
nur, er red' nischt arois kein Wort.

Er sieht in sein Dimien *(Augen)* die Bilder vom Ghetto,
die Gsise *(Qual),* den Zar *(Leid),* den Spott *(Erniedrigung).*

Er schweigt …
Der Alte is broiges *(voll Zorn),*
broiges *(voll Zorn)* mit sein alte Gott."[33]

Eindrücklicher kann man die Klage dieses verzweifelten Gottesrebellen kaum zum Ausdruck bringen. Elie Wiesel zieht aus der Beschäftigung mit diesem Gottesrebellen grundsätzliche Schlüsse:
„Die jüdische Tradition, darauf wollen wir ausdrücklich hinweisen, erlaubt es dem Menschen, Gott alles zu sagen, sofern es gut für den Menschen ist. Durch die innere Befreiung des Menschen nämlich

rechtfertigt sich Gott. Es kommt nur darauf an, in welchem Rahmen der Mensch mit Gott hadert. Innerhalb der Gemeinde kann er alles sagen. Löst er sich von ihr, verliert er dieses Recht."[34]
Das bedeutet: Innerhalb des Glaubens darf man Gott auf die Anklagebank setzen. Man darf als Glaubender Gott aufs Schärfste zur Rechenschaft ziehen und verwirkt doch nicht sein Recht, ein Gläubiger, ein Frommer mitten in der glaubenden Gemeinde zu sein. Glaube und Anklage Gottes schließen sich nicht aus, im Gegenteil, im *Chassidismus* schließen sie sich gegenseitig ein.

6. Gottesklage angesichts von Auschwitz

Nach dem Schrecken, für den der Ortsname Auschwitz steht, entstanden im Judentum die unterschiedlichsten religiösen und theologischen „Antworten" auf das Geschehen:[35] Manche Überlebenden hatten den Glauben ganz aufgegeben und, wie der einstige Rabbiner Richard Rubenstein, laut verkündet: „Gott ist tot!" Andere haben an den alten Traditionen wieder angeknüpft und versucht, ihren Glauben weiter zu leben – trotz allem und allem zum Trotz. Wieder andere haben ihn gar radikalisiert. Zwei bedeutende Veränderungen jüdischen Umgangs mit Leidenssituationen können nach dem Holocaust beobachtet werden:
1. Die Lehre, wonach Leiden die Strafe für vorher begangene Sünden bedeuten, wurde von den allermeisten jüdischen Rabbinern, Theologen, Gelehrten zurückgewiesen. Das Ausmaß an Leid und Tod, die 1,5 Millionen unschuldig ermordeten Kinder, die Ungeheuerlichkeit der Taten der Täter – all dies konnte mit dem traditionellen Antwortmuster Sünden – Strafe nicht mehr erklärt werden.
2. In der zweiten Hälfte des 20. Jahrhunderts setzten sich v.a. Schriftsteller und Dichter mit der Frage nach einer angemessenen Antwort auf das Geschehen auseinander, nicht länger nur jüdische Schriftgelehrte.

Einer der bedeutendsten dieser Autoren ist der Auschwitz-Überlebende Schriftsteller und Friedensnobelpreisträger *Elie Wiesel*, geboren 1928, der als Kind mit seiner Familie nach Auschwitz verschleppt wurde und nur mit knapper Not überlebte.[36] Ins Nachkriegsfrankreich gerettet, beginnt er, in neuer Weise die alten Überlieferungen zu lesen und zu verstehen. Mittlerweile hat er mehr als 40 Bücher geschrieben, die als gemeinsamen Brennpunkt die Leidens- und Todeserfahrung von Auschwitz enthalten. Immer wieder kreist sein Denken um die Frage: Wo war Gott in Auschwitz? Wo war der Mensch in Auschwitz?

„Es ist falsch, Auschwitz ausschließlich als theologisches Problem zu verstehen. Auschwitz wurde nicht von Gott verursacht; es wurde von Menschen veranstaltet gegen andere Menschen. Es ist zuerst und vor allem ein menschliches Problem, menschliche Verantwortlichkeit. Aber Gott herauszulassen, ist auch unehrlich. Die Tragödie ist, dass wir uns keine Vorstellung von Auschwitz machen können mit Gott, aber auch nicht ohne Gott."[37]

Diese unauflösbare Spannung führte seinen Berichten zufolge bereits in den Todeslagern zu einem ersten Aufruhr gegen den Allmächtigen. Während andere um so intensiver versuchten, auch unter den widrigsten Umständen an den Geboten festzuhalten, und wieder andere ihren Glauben aufgaben, war der Weg des 15jährigen tora- und tamudkundigen Jungen der des Aufruhrs. Wiesel erinnert sich an seine Gedanken angesichts einer Menge von betenden Häftlingen am Vorabend des *Rosch-HaSchana,* des jüdischen Neujahrstags 1944: „Wer bist Du, mein Gott, dachte ich zornig, verglichen mit dieser schmerzerfüllten Menge, die Dir ihren Glauben, ihren Zorn, ihren Aufruhr zuschreit?"[38]

Die Gläubigen wiederholen die Worte des Vorbeters: „Gepriesen sei der Name des Ewigen."

„Warum, warum sollte ich ihn preisen? Jede Faser meines Wesen sträubte sich dagegen. Nur weil er Tausende seiner Kinder in Gräben verbrennen ließ? Nur weil er sechs Gaskammern Tag und Nacht, Sabbat und Festtag arbeiten ließ? Nur weil er in seiner Allmacht Auschwitz, Birkenau, Buna und so viele andere Todesfabriken geschaffen hat? Wie sollte ich zu ihm sagen: Gepriesen seist Du, Ewiger, König der Welt, der Du uns unter den Völkern erwählt hast, damit wir Tag und Nacht gefoltert werden, unsere Väter, unsere Mütter, unsere Brüder in den Gaskammern verenden sehen? Gelobt sei Dein heiliger Name, Du, der Du uns auserwählt hast, auf Deinem Altar geschlachtet zu werden?"[39]

Die Schärfe der Klage kann kaum überschätzt werden. Denn noch wenige Monate zuvor war der junge *Chassid* aus dem damals ungarischen Sighet, einem kleinen Städtchen am Rande der Karpaten, ein treuer Synagogengänger, verbrachte mehr Zeit im Lehrhaus als auf den Straßen, studierte die Tora einschließlich der Kommentierungen in *Talmud, Midrasch* und mittelalterlichen Auslegungen, hielt sich an die Überlieferung in allen Bereichen der Lebensführung. Bei der Deportation im Frühsommer 1944 durften die Verschleppten nur Weniges an Habseligkeiten mitnehmen. In Wiesels Koffer befanden sich, wie er später berichtet, der *Tallit* (Gebetsmantel), die *Tephillin* (Gebetsriemen), einige liturgische Gegenstände und religiöse Bücher – weiter nichts[40]. So kam der junge „Fromme" nach Auschwitz. Dort angekommen war angesichts der absoluten Gottverlassenheit der Opfer und des allgegenwärtigen Todes der Bruch mit der Tradition radikal. Über jenen Neujahrsabend schreibt Wiesel weiter:

> „Heute betete ich nicht mehr. Ich war außerstande zu seufzen. Ich fühlte mich im Gegenteil stark. Ich war der Ankläger. Und Gott war der Angeklagte. Meine Augen waren sehend geworden, und ich war allein, furchtbar allein auf der Welt, ohne Gott, ohne Menschen. Ohne Liebe, ohne Mitleid. Ich war nur noch Asche, aber ich fühlte mich stärker als jener Allmächtige, mit dem mein Leben so lange verknüpft gewesen war. Inmitten der Gemeinde war ich ein fremder Beobachter."[41]

Dass sich Wiesel nicht nur als „Privatmann" mit seinem Gott auseinander setzt, sondern sich von der Gemeinde distanziert, weil er das *Sch'ma Israel* nicht mitbetet, ist der eigentliche Abbruch der Kontinuität. Auch an *Jom Kippur,* dem strengsten Fasttag des Judentums, zeigt er seinen Protest gegen die Weisungen der Gemeinschaft und gegen Gott selbst. Er verweigert das Fasten unter den menschenunwürdigen Bedingungen. „Ich nahm Gottes Schweigen nicht mehr hin. Meine Suppe schlürfend, sah ich in dieser Gebärde einen Akt des Aufruhrs und der Auflehnung gegen ihn."[42] Gott hätte in dieser Situation sprechen müssen, hätte eingreifen müssen, und tat es nicht – das ist der eigentliche Skandal, den Wiesel umtreibt. Warum schweigt Gott angesichts der Erhängung eines Kindes[43], angesichts der Selektionen, durch die auch seine Mutter, seine Großmutter, seine kleine Schwester Tsipora ermordet wurden, angesichts des Todes seines Vaters später im KZ Buchenwald?

Wiesels Protest gegen Gott hat ihren Ursprung nicht in einer reflektierten „Theologie der Klage", die er bestimmten Überlieferungen entnommen hätte, sondern sein Protest ist „elementare Theologie", ursprüngliches Reden zu Gott in der Situation des Todes. Zorn und Aufruhr sind unmittelbar. In seinem Bericht über die Lager verknüpft Wiesel seine Auflehnung noch nicht mit der Klagetradition im biblischen und nachbiblischen Judentum. Lediglich an einer Stelle zieht er eine Verbindung zu dem herausragenden biblischen Ankläger: „Wie ich Hiob verstand! Ich leugnete zwar nicht Gottes Existenz, zweifelte aber an seiner unbedingten Gerechtigkeit."[44]

Nach der Befreiung aus den Lagern, nach einer Zeit der Rekreation in Frankreich, wo er das Französische als zweite Muttersprache übernimmt, und schließlich das Studium der Literatur, Psychologie und Philosophie an der Sorbonne aufnimmt, knüpft Wiesel in Dialog mit einem der größten Talmudgelehrten seiner Zeit, Rav Shoushani, in Paris, später, in den USA mit Saul Liebermann und Abraham Joshua Heschel bewusst an den religiösen Traditionen des Judentums an. So entstehen erste Veröffentlichungen zu biblischen, talmudischen und chassidischen Überlieferungen, die ab den 1970er Jahre publiziert werden. Dabei greift er vor allem den Strang jüdischer Glaubensexistenz auf, der seiner eigenen Gottesrede am nächsten kommt, den des Ringens und Streitens mit Gott.

In dieser Zeit beginnt Wiesel, seine Gottesklage in die jüdische „Theologie" der Klage einzubetten. Sein erstes Buch über den Chassidismus[45], eine Reinterpretation des Lebens und der Überlieferung chassidischer Meister, enthält ebenso wie sein erstes Buch zu biblischen Gestalten[46], einer vor allem auf talmudischen und midraschischen Quellen beruhenden Relecture biblischer Erzählkreise, markante Versuche, die jüdische Klagetradition herauszuarbeiten und – teils explizit, teils implizit – in den Kontext der jüdischen Leiderfahrungen des 20. Jahrhunderts zu stellen. Wiesel erwähnt an vielerlei Stellen die Gottesrebellen aus der jüdischen Tradition. Neben biblischen Gestalten wie Adam, Abraham, Jakob, allen voran Hiob und die Propheten, neben talmudischen Rabbinern wie Ismael ben Elisa, dessen Schmerzensschrei, wie der Talmud berichtet, unter römischer Folter Himmel und Erde erschüttern, Rabbi Akiba oder Elischa ben Abuja[47], sind es vor allem chassidische Meister wie Rabbi Levi-Jizchak von Berditschew, Rabbi Nachman von Brazlaw oder Rabbi Menachem-Mendel von Kozk, die Gott, so Wiesels Darstellung, ihren Zorn und ihre Klage entgegenschleuderten[48]. Auf ihre Fragen und Proteste bezieht sich Wiesel heute, nach dem Todessturm; er knüpft an ihnen an, denn „... dank ihnen haben wir noch die Kraft und den Mut, sie wiederzugeben, als wären sie unsere eigenen."[49]

Auch in seinen drei Dramen und in seinen mehr als ein Dutzend Romanen zieht sich das Motiv des Ringens mit Gott und Klagens gegen Gott wie ein roter Faden durch. Seine Romanfiguren sind allesamt „hiobartige Gestalten", die angesichts von Leid- und Todeserfahrungen des jüdischen Volkes, insbesondere des Holocaust verzweifelt mit den Menschen und mit Gott ringen.

Ein Beispiel: In dem frühen, düsteren Roman „Der Bettler von Jerusalem" taucht das Hiob-Motiv an zahlreichen Stellen auf. Dieser Roman ist im Kontext der die Existenz Israels bedrohenden Kriege entstanden. Am Vorabend des Sechs-Tage-Krieges, so wird darin erzählt, platzt einem gottesfürchtigen *Zaddik* („Gerechten") der Kragen: Er fängt an, Gott anzuschreien, ob es denn nicht schon mehr als genug sei, was dem Volk der Juden in der *Schoah* widerfahren ist. Damals hätte er seinen Wutschrei noch unterdrücken können, doch jetzt, angesichts der drohenden Vernichtung Israels durch die Heere feindlicher arabischer Staaten, kann er nicht mehr still halten:

„Hörts du mich? Das ist vorüber, sag' ich Dir! Ich bin am Ende, ich kann nicht mehr. Wenn Du auch diesmal Dein Volk verlässt, wenn Du auch diesmal dem Mörder erlaubst, Deine Kinder zu morden und ihre Treue zum Bündnis zu beflecken, wenn Du jetzt Dein Versprechen verhöhnst, dann wisse, o Herr von allem das atmet, dass Du die Liebe Deines Volkes nicht mehr verdienst und nicht seine Leidenschaft, Dich zu heiligen und Dich gegen alles und gegen Dich selbst zu rechtfertigen …"[50]

Der Vorwurf gegen Gott geht so weit, dass Gott es nicht mehr verdient, verehrt zu werden. Im Mund der Romanfiguren wird die Schärfe der Klage ins Extreme gesteigert.

„Herr, wir lieben dich, wir fürchten dich, wir klammern uns gegen deinen Willen an dich, doch vergib mir, wenn ich dir sage, dass du betrügst. … Du befiehlst uns die Liebe, aber du gibst ihr den Geschmack von Asche; du segnest uns und du nimmst deinen Segen wieder zurück: Was willst du mit all dem beweisen? Warum tust du das? Um uns welche Wahrheit über wen zu lehren?"[51]

Die Vorwürfe gegen Gott können kaum radikaler formuliert werden.

Hören wir noch zum Abschluss eine der eindrücklichsten Geschichten, die Wiesel erzählt – eine Begebenheit direkt aus Auschwitz, die er vor dem Hintergrund seiner, der jüdischen Tradition deutet und aus der er später ein Drama konzipiert: In den Arbeitskommandos der Todeslager setzten Rabbiner und Gelehrten ihr Tora- und Talmudstudium fort, hier natürlich aus dem Gedächtnis. Wiesel nahm daran Anteil und wurde „Schüler" eines früheren Leiters einer *Jeschiwa*, einer jüdischen Schule, der zusammen mit ihm schwerste Zwangsarbeit verrichten musste. Eines Tages sagte er zu ihm:

„Komm heute Nacht nahe zu meiner Pritsche. Ich ging hin. Jetzt weiß ich, warum er es tat: Weil ich der jüngste war, muss er gedacht haben, dass ich, weil ich jünger war, eine größere Chance haben würde, zu überleben und die Geschichte zu erzählen. Und was er dann tat, war, ein rabbinisches Tribunal einzuberufen und Gott anzuklagen. Er hatte zwei andere gelehrte Rabbiner hinzugezogen, und sie beschlossen, Gott anzuklagen, in angemessener, korrekter Form, wie es ein richtiges rabbinisches Tribunal tun soll, mit Zeugen und Argumenten usw."[52]

Wiesel charakterisiert das Vorgehen der drei „Ankläger" und „Richter" als vollständig im Einklang mit der jüdischen Tradition, die das Recht kenne, Gott anzuklagen:

„Und so beschlossen die drei Rabbiner in diesem Lager, ein Tribunal zu veranstalten. Die Verhandlungen des Tribunals zogen sich lange hin. Und schließlich verkündete mein Lehrer, der Vorsitzender des Tribunals war, das Urteil: Schuldig. Und dann herrschte Schweigen – ein Schweigen, das mich an das Schweigen am Sinai erinnerte, ein endloses, ewiges Schweigen. Aber schließlich sagte mein Lehrer, der Rabbi: Und nun, meine Freunde, lasst uns gehen und beten. Und wir beteten zu Gott, der gerade wenige Minuten vorher von seinen Kindern für schuldig erklärt worden war."[53]

Die hier erzählte Begebenheit enthält erschütternde Zugänge zur Gottesfrage unter den Bedingungen der Todeslager, nämlich den Versuch, die beklemmende Ausweglosigkeit gläubiger Existenz in eine Anklage und Schuldigsprechung Gottes zu verwandeln *bei gleichzeitigem* Gehorsam gegenüber den Vorschriften der religiösen Tradition, etwa der Pflicht zur Verrichtung der rituellen Gebete. Die Spannung von Anklage und frommer Hinwendung zu Gott könnte kaum größer sein.

7. Schlussgedanken

Zum Schluss möchte ich einige Konsequenzen aus der Beschäftigung mit der jüdischen Tradition der Klage ziehen, die ich nur in wenigen, kurzen Thesen formuliere:

(1) Die jüdische Tradition des Ringens mit und Klagens gegen Gott ist ein Akt des Glaubens und nicht der Abkehr von Gott. Denn in allen Fällen wird Gott persönlich angesprochen. Selbst im verzweifelt geschrieenen „Du!" bleibt Gott stets der Beziehungspartner des Menschen.

(2) Wir Christen können die jüdischen Tradition des Klagens und Anklagens nicht einfach kopieren und uns zu eigen machen. Doch

auch der christliche Weg des Gottesglaubens ist offen für die Möglichkeit der Klage – insbesondere durch die Psalmen, durch das Hiobbuch und die weiteren alttestamentlichen Klagegebete, die schließlich auch Jesus am Kreuz rezitierte: „Mein Gott, mein Gott, warum hast Du mich verlassen?" (Ps 22,2) ist eine scharfe Anklage gegen Gott, der offensichtlich zusieht, wie sein Kind grausam stirbt, aber in dem Moment der Qualen nicht eingreift und nicht rettet. Insgesamt ist es nötig, dass wir auch im Christentum eine „Theologie der Klage" entfalten.[54]

(3) Wir sollten uns ermutigt fühlen, die „heilende Kraft der Klage"[55] auch für die christliche Tradition wieder zu entdecken. Unsere Aufgabe ist es, in der religiösen Erziehung, in Katechese und Seelsorge Menschen dazu ermutigen, ihre Klagen gegen Gott auszusprechen, ihrem schweren Herzen Luft zu machen. Wir sollten nicht sagen „Du darfst aber nicht hadern!", sondern im Gegenteil: Als Kind Gottes, als Partner Gottes hat der Mensch das Recht, ihm alle Fragen der Welt zu stellen, mit ihm zu ringen, gegen ihn zu klagen.

Denn schließlich gilt auch für uns, was Elie Wiesel für *seinen* klagenden Weg des Glaubens an Gott mehrfach so formuliert hat: „Wenn ich gegen Gott klage, wenn ich mit ihm ringe, wie Jakob, Hiob und all die anderen es getan haben, dann führt es mich nicht weg von Gott, sondern immer weiter auf ihn zu."

Anmerkungen

[1] Steiner: Von realer Gegenwart, 1990, S. 61.

[2] Vgl. Petzel: Kommentar – Signifikante Denkform im Judentum, 2001; Wolmuth: Jüdische Hermeneutik, 1998; Stemberger: Vollkommener Text in vollkommener Sprache. Zum rabbinischen Schriftverständnis, 1998; Wolmuth: Jüdische Hermeneutik, 1998.

[3] Maier/Schäfer: Kleines Lexikon des Judentums, 1987, S. 211.

[4] Stemberger: Der Talmud, Einführung – Texte – Erläuterungen, 1987; ders.: Midrasch. Vom Umgang der Rabbinen mit der Bibel, 1989.

[5] Steiner: Von realer Gegenwart, 1990, S. 62.

[6] Stemberger: Midrasch. Vom Umgang der Rabbinen mit der Bibel, 1989, S. 26 (vgl. auch S. 227).

[7] Scholem: Offenbarung und Tradition als religiöse Kategorien im Judentum (1962), 1970.

[8] Ebd. S. 93.

[9] Ebd. S. 97.

[10] Ebd. S. 94f.

[11] Ebd. S. 96 und 98.

[12] Zum Gesamtthema vgl.: Jahrbuch für biblische Theologie, Band 16 (2001), Themenband: „Klage".

[13] Limbeck: Die Klage – eine verschwundene Gebetsgattung, 1977, S. 3.

[14] Schmidt: Jeremias Konfessionen, 2001, S. 22; Vgl. u.a. Fuchs, O.: Die Klage als Gebet, 1982; Janowski: Das verborgene Angesicht Gottes, 2001.

[15] Schmidt, Werner H.: Jeremias Konfessionen, 2001.

[16] Zum Folgenden vgl.: Kuhn: Gottes Trauer und Klage in der rabbinischen Überlieferung (Talmud und Midrasch), 1978; Laytner: Arguing with God – A Jewish Tradition, 1990; Ego: Israels Not und Gottes Klage. Zu einem Theologumenon der rabbinischen Literatur, 2001.

[17] Laytner, Arguing With God, 1990, S. 69–85.

[18] Nach Laytner 1990, S. 53.

[19] Nach Laytner S. 79.

[20] Laytner S. 87ff.

[21] Laytner S. 119.

[22] Ebd. S. 103ff.

[23] Ebd. S. 115ff.

[24] Laytner S. 127ff.

[25] Laytner S. 158.

[26] Laytner S. 162.

[27] Scholem, Die jüdische Mystik in ihren Hauptströmungen (1957), 1980, S. 357, 360 f.

[28] Wiesel, Elie: Was die Tore des Himmels öffnet. Geschichten chassidischer Meister, Freiburg 1981, S. 27f.

[29] Laytner: Arguing with God in the Eastern European Tradition, in: ders. 1990, S. 177 ff; vgl. Newman, Hasidic Anthology, 1963, Abschnitt „Controversy with God", S. 56 ff.

[30] Newman, Hasidic Anthology, 1963, S. 58 f.

[31] Wiesel, Elie: Chassidische Feier. Geschichten und Legenden, Freiburg 1988, S. 111; zum Folgenden ebd. ff.

[32] Ebd. S. 113.

[33] (Klezmer-Gruppe „Jontef", CD „Hej Klezmorim", Tübingen 1998; und: „As der Rebbe singt", Musikkassette, Neckarsound Studio, Tübingen 1990.)

[34] Ebd. 114.

[35] Brocke/Jochum: Wolkensäule und Feuerschein. Jüdische Theologie des Holocaust, 1982.

[36] Zu Elie Wiesels Leben und Werk vgl.: Boschki: Der Schrei. Gott und Mensch im Werk von Elie Wiesel, 1995.

[37] Wiesel, in: Schwencke: Erinnerung als Gegenwart. Elie Wiesel in Loccum, 1987, S. 119.

[38] Wiesel, Die Nacht, 1986, S. 94.

[39] Ebd. S. 95.

[40] Wiesel, in: Schwencke, Erinnerung, 1986, S. 46.

[41] Wiesel, Nacht, 1996, S. 96.

[42] Ebd. S. 98.

[43] Ebd. 91–94.

[44] Ebd. 70.

[45] Wiesel, Chassidische Feier (1972), 1988.

[46] Wiesel, Adam oder das Geheimnis des Anfangs (1975), 1987.

[47] Wiesel, Die Weisheit des Talmud, 1992, S. 129 ff., 141 ff., 179 ff.

[48] Wiesel, Chassidische Feier, S. 110 ff., 156 f., 173, 224 ff..

[49] Wiesel, Chassidische Feier, S. 115.

[50] Wiesel, Der Bettler von Jerusalem (1968), Frankfurt 1987, S. 116.

[51] Wiesel, Bettler, 97.

[52] Wiesel, in: Schwencke, Erinnerung, 118.

[53] Ebd. 119.

[54] Fuchs, G.: Angesichts des Leids an Gott glauben? Zur Theologie der Klage, 1996; vgl. auch den Vortrag von Bischof M. Scheuer im Rahmen dieser Tagung.

[55] Steins: Schweigen wäre gotteslästerlich. Die heilende Kraft der Klage, 2000.

Literatur:

1. Banon D.: Kritik und Tradition. Jüdische und christliche Lektüre der Bibel, in: Judaica. Beiträge zum Verstehen des Judentums, 52: 23–39, 1996.

2. Boschki R.: Der Schrei. Gott und Mensch im Werk von Elie Wiesel, Mainz ²1995.

3. Brocke M., Jochum H. (Hrsg.): Wolkensäule und Feuerschein. Jüdische Theologie des Holocaust, München (und neuere Auflagen) 1982.

4. Ego B.: Israels Not und Gottes Klage. Zu einem Theologumenon der rabbinischen Literatur, in: Jahrbuch für biblische Theologie 16: 91–108, 2001.

5. Fuchs G. (Hrsg.): Angesichts des Leids an Gott glauben? Zur Theologie der Klage, Frankfurt 1996.

6. Fuchs O.: Die Klage als Gebet. Eine theologische Besinnung am Beispiel des Psalms 22, München 1982.

7. Fuchs O.: Klage. Eine vergessene Gebetsform, in: Becker, Hans Jakob u. a. (Hrsg.): Im Angesicht des Todes (Pietas Liturgica 3/4), St. Ottilien 939–1024, 1987.

8. Jahrbuch für biblische Theologie, Themenband: „Klage" Band 16, 2001.

9. Janowski B.: Das verborgene Angesicht Gottes. Psalm 13 als Muster eines Klagelieds des einzelnen, in: Jahrbuch für biblische Theologie 16: 25–54, 2001.

10. Kuhn P.: Gottes Trauer und Klage in der rabbinischen Überlieferung (Talmud und Midrasch), Leiden 1978.

11. Laytner A.: Arguing with God. A Jewish Tradition, Northvale (New Jersey, USA), 1990.

12. Limbeck M.: Die Klage – eine verschwundene Gebetsgattung, in: Theologische Quartalsschrift 157: 3–16, 1977.

13. Maier J., Schäfer P.: Kleines Lexikon des Judentums, Stuttgart ²1987.

14. Newman, L I. (Hrsg.): The Hasidic Anthology. Tales and Teachings of the Hasidim (1934), New York, 1963.

15. Petuchowski J. J.: Wie unsere Meister die Schrift erklären, Freiburg/Basel/Wien 1982.

16. Petzel P.: Kommentar – Signifikante Denkform im Judentum, in: Orientierung 65 Heft 3–5: 3 Teile, 33–36, 38–42, 50–53, 2001.

17. Schmidt W. H.: Jeremias Konfessionen, in: Jahrbuch für biblische Theologie 16: 3–24, 2001.

18. Schoeps J. H. (Hrsg.): Neues Lexikon des Judentums, Gütersloh 2000.

19. Scholem G.: Offenbarung und Tradition als religiöse Kategorien im Judentum, in ders.: Über einige Grundbegriffe des Judentums, Frankfurt/M. 90–120, 1970.

20. Scholem G.: Die jüdische Mystik in ihren Hauptströmungen (1957), Frankfurt/M 1980.

21. Schwencke O. (Hrsg.): Erinnerung als Gegenwart. Elie Wiesel in Loccum, Loccum 1987.

22. Steiner G.: Von realer Gegenwart, München, Wien 1990.

23. Steins G. (Hrsg.): Schweigen wäre gotteslästerlich. Die heilende Kraft der Klage, Würzburg 2000.

24. Stemberger G.: Der Talmud, Einführung – Texte – Erläuterungen, München 1987.

25. Stemberger G.: Midrasch. Vom Umgang der Rabbinen mit der Bibel. Einführung – Texte – Erläuterungen, München 1989.

26. Stemberger G.: Vollkommener Text in vollkommener Sprache. Zum rabbinischen Schriftverständnis, in: Jahrbuch für biblische Theologie, 12: 53–66, 1997; erschienen 1998

27. Wiesel E.: Adam oder das Geheimnis des Anfangs. Brüderliche Urgestalten, Freiburg/Basel/Wien, 1987.

28. Wiesel E.: Der Bettler von Jerusalem (Roman, 1968), Frankfurt 1987.

29. Wiesel E.: Chassidische Feier. Geschichten und Legenden, Freiburg/Basel/Wien 1988.

30. Wiesel E.: Gezeiten des Schweigens (Roman, 1962), Freiburg/Basel/Wien 1987.

31. Wiesel E.: Die Nacht. Erinnerung und Zeugnis (Autobiographie 1962), Freiburg/Basel/Wien 1996.

32. Wiesel E.: Die Weisheit des Talmud. Geschichten und Portraits, Freiburg/Basel/Wien 1992.

33. Wolmuth J.: Jüdische Hermeneutik, in: Jahrbuch für biblische Theologie, 12: 193–220, 1997 erschienen 1998.

Christian Schneider

Klage und Anklage. *Das Buch Hiob heute*

Hiob *heute* – damit stellt sich nicht nur die Frage nach der *Gegenwart* einer biblischen Gestalt, sondern auch nach der Gegenwart der Bibel überhaupt. Eine „Schöpfung im Wort" (1) hat der große jüdische Gelehrte und Mystiker Friedrich Weinreb (1910–1988) die Bibel genannt. Ihre Geschichten spielen „im Weltall des Wortes", das „den Sinn der Dinge" und „den Weg des Menschen bis in alle Einzelheiten" offenbart (2).

Demnach hinge von unserem Verhältnis zum Wort nicht nur das Verständnis der Bibel, sondern auch der Sinn unseres In-der-Welt-seins ab. Nähe oder Ferne zum Wort wäre ein entscheidendes Kriterium unserer Existenz. Die Bibel selbst weist immer wieder auf das „Hören" hin, auf unser Ohr, unser Gehör. Das „Schma Jisrael": „Höre, Israel" (5. Mose 6, 4) ist das Zentrum jüdischen Gebetslebens. Im Vernehmen des Wortes offenbart sich uns Gott als der Eine, der Zusammenhang der ganzen Schöpfung und der Sinn, der Weg und das Ziel unseres Daseins. Finden Gottes Worte unser Gehör, dann *gehören* wir ihm, sind sein „Eigentum", wie es im Johannesevangelium (1, 11) steht. Ins Hören des Wortes „sein" vertieft, notiert Franz Kafka: „Das Wort ‚sein' bedeutet im Deutschen beides: Dasein und Ihm gehören." (3) Unser Sein also, unsere Existenz eine ständige Antwort auf das Hören des Wortes. Dem Vernehmen der Stimme entspricht unsere „Stimmung": bestimmt, gut gestimmt oder verstimmt.

Eindringlich warnt die Bibel den Menschen davor, sich *Bilder* zu machen. Wer es dennoch tut, fällt aus der Einheit des Seins, verfehlt den Sinn seiner Existenz. „Kein Bild habt ihr gesehen, nur Worte gehört", wird bei der Offenbarung des Wortes am Sinai immer wieder eingeschärft, als wisse Gott schon um die Macht der Bilder, der zu Vorstellungen erstarrten Theorien, mit der sein Wort zum Objekt gemacht, also ferngehalten, also distanziert wird. Welche Kluft sich dann auftut, welche tiefgehende Spaltung dann den Menschen durchzieht, lässt sich ermessen, wenn man hört, was die Bibel über sich selbst, das Wort, sagt: „nicht entrückt ist es dir, nicht fern ists. / Nicht im Himmel ist es, dass du sprächest: Wer steigt für uns zum Himmel und holts uns und gibts uns zu hören, dass wirs tun? / Nicht überm Meer ist es, dass du sprächest: Wer fährt uns übers Meer hinüber und holts uns und gibts uns zu hören, dass wirs tun? / Nein, sehr nah ist dir das Wort, in deinem Mund und in deinem Herzen, es zu tun." (5. Mose 30, 11–14)

Aus solcher Nähe zum Wort die Geschichten der Bibel uns Heutige erleben zu lassen, diese im wahrsten Sinne des Wortes „innige" Beziehung wieder zu erwecken, war die eigentliche Absicht des schon genannten Friedrich Weinreb. Als orthodoxer Jude chassidischer Prägung schöpfte er aus den Quellen jüdischer Überlieferung und schenkte sein Erlebnis mit dem Wort den Menschen einer Zeit, denen vor lauter Wissenschaft die Beziehung zum Baum des Lebens abgeschnitten zu werden droht.

Mit der Hiobsgeschichte hat sich Friedrich Weinreb ein Leben lang beschäftigt. Ich kann mich im Folgenden auf die zahlreichen Vorträge und Tagungen zu diesem Thema stützen, die auf Tonträgern dokumentiert sind (4). An den Textfassungen, die in einem Sammelband in Kürze erscheinen werden, arbeite ich zur Zeit.

Die jüdische Überlieferung setzt das „Deuten von Träumen" dem „Heilen von Krankheiten" gleich (5), und gerade das Miterleben der Hiobsgeschichte, die Weinreb als Heilungsgeschichte schlechthin deutet, kann dem Menschen jene Art von Krise bringen, die allein zur Heilung führt. Gewiss ist das auch ein Grund, warum Weinreb diese Geschichte so oft erzählt hat, das heißt, das Erlebnis des Menschen als Hiob in immer neuen Annäherungen so mitzuteilen versuchte, dass im Zuhörer gleich gestimmte Saiten in Bewegung kamen.

Und dieses *Erleben* ist es, was die Begegnung mit Hiob fordert, ein Miterleben. Über zweitausend Jahre Miterleben, in allen Zeiten und den unterschiedlichsten Lebensumständen, verbindet Friedrich Weinreb mit der jüdischen Überlieferung. Und so kann er lebendig und als Lebender von Hiob, der in allen Zeiten lebt, erzählen.

Wie immer in der Bibel, geben die Namen Auskunft über unser Schicksal, wie es hier und dort ist, aber immer von *dort* her gesehen. Wie leben wir als „Hiob" im Lande „Uz"?

Die Überlieferung deutet hebräisch „ijob" als „ojeb", „Feind", und liest „uz" als „ez", „Baum", „Wachstum". Der Mensch im Land des „Wachstums", der Entwicklung, wo Zeit und Raum bestimmend sind, ist sich selber feind, lebt in ständigem Konflikt. Sein Leben in der Welt ist unablässiger Kampf mit einem Feind. Schon die Feindschaft zwischen Anfang und Ende. Warum dieses Ende immer von allem hier?

Und wenn er sich dem Kampf mit sich selber nicht stellt, sucht er den Feind außerhalb von sich, hat dann viele „Feindbilder", bekämpft seine eigenen Projektionen.

Der Mensch im Zwiespalt, wo seine himmlische Seite mit seiner irdischen im Streit liegt, und das Leben hier zwingt ihn, beiden Herren zu dienen.

Hiob nun hat sich, nach der Überlieferung, sozusagen einseitig für den Himmel entschieden. Er bringt doch, wie es heißt, „Opfer" (1, 5), sucht die direkte Verbindung zum Himmel aus Angst, dass seine Söhne und Töchter beim Feiern sündigen, den Sinn des Lebens vergessen könnten. Warum tut er das?, fragt man sich in den alten Kommentaren. Hat er Angst vor einer Seite des Lebens, die er nicht kennt? Versucht er, durch Opfer hier etwas zu korrigieren? Der hebräische Ausdruck für Opfer bedeutet ein Näherkommen, ein sich dem Zentrum, dem Ursprung, seiner Herkunft nähern, also Gott. – Und Gott reagiert, indem er ihn auf diese irdische Welt verweist: er schickt ihm Unheil.

Nach einer alten Überlieferung hat Gott vor dieser Welt viele Welten erschaffen. Diese Welten waren alle perfekt, vollkommen, denn Gott möchte mit seiner Schöpfung dem anderen doch Freude schenken. Aber er musste, heißt es, alle diese Welten wieder zerstören, weil der Sinn der Schöpfung nicht zustande kam. Der Mensch nämlich, der erschaffen wurde, empfand diese Welt als so schön und herrlich, dass er sich um den Schöpfer, um die Ewigkeit gar nicht kümmerte; es war *hier* ja perfekt. Nichts war da, das reagierte, Beziehung suchte. Alles lebte, kann man sagen, wie Hiob lebt: es geht ihm gut. Und geht es einmal nicht gut, gibt es eine Abweichung, baut er vor und bringt Opfer, wodurch die Abweichung korrigiert wird.

Die Überlieferung kennt Hiob auch als einen der drei Ratgeber des Pharao, neben Bileam und Jethro. In seinen Vorträgen und Büchern hat Weinreb immer wieder die Geschichte von der Probe erzählt, die Pharao mit dem Kind Mose anstellt, um herauszufinden, ob er der Erlöser ist. Dazu lässt man dem Kind die Wahl zwischen Goldkörnern und glühenden Kohlen. Gold, wie die Sonne, entspricht dem Urlicht, der Liebe, die wärmt und erleuchtet. Glühende Kohlen, ganz diesseitig, zeigen das Verbrennen in der Zeit, bis nur noch Asche da ist. Greift das Kind nach dem Gold, ist es gewiss der Erlöser, wenn es aber nach den glühenden Kohlen greift, droht dem Pharao und seiner Welt keine Gefahr von dem Kind. Es geschieht nun, dass das Kind sofort seine Händchen in Richtung des Goldes ausstreckt. Da aber greift Gott ein und lässt durch seinen Engel Gabriel die Hände weg vom Gold lenken und nach den glühenden Kohlen greifen. Es nimmt eine Kohle und führt sie, wie Kinder das tun, zum Mund und verbrennt sich die Lippen.

Die Sache ist unklar – was soll nun mit dem Kind geschehen? Jetzt kommt es darauf an, wie die Ratgeber entscheiden. Bileam erkennt ihn als den Erlöser, den man töten soll. Jethro sagt, er ist der Erlöser, er soll leben, und muss deshalb fliehen, weil man ihn sonst töten würde. Die Entscheidung hängt nun von Hiob ab. Hiob aber, heißt es, kann sich nicht entscheiden, bleibt in der Schwebe. Zwar weiß er, dass das Kind der Erlöser ist – und er ersehnt die Erlösung –, aber er liebt auch Ägypten, das Leben in der Gefangenschaft von Zeit und Raum, das Leben in der Form, das Leben im Körper. Wendet sich der Mensch dem Ewigen zu, ist sein Leben hier im Diesseitigen in Gefahr. Es ist wie ein ständiges Lavieren mit den Schalen an der Waage. Weil der Mensch so ist und so lebt, ist er „krank", das heißt, er entspricht der „Norm" der Welt.

Durch Hiob im Menschen, der unentschieden bleibt, wird die Welt des Konkreten, unsere vertraute Welt in Zeit und Raum, irgendwie auch gerettet. Seine Unentschiedenheit bringt die Dauer, aber auch viel Kummer und Leid, vieles, was wir bedauern.

Solange es Hiob gut geht, solange er sich am Besitz des Reichtums seiner Erfahrungen im Leben erfreuen kann, sorgt er sich auch um die Zukunft, fürchtet die Ungewissheit, ob es morgen auch gut sein wird. Und dann kommt gerade das, was er fürchtet, über ihn, und trifft ein, wovor er Angst hat, wie es Hiob selber im Rückblick erkennt: „Denn wes Schreck mich schreckte, ereilt mich, wessen mich schauderte, überkommt mich." (Hiob 3, 25). Gott lässt dem Satan die Freiheit, die Ruhe, in der alles so schön stimmt, zu stören, das Schlüssige, den Kreis, den wir um uns gezogen haben, aufzusprengen. Gott lässt es zu, dass die Katastrophe über Hiob hereinbricht. Im Stimmigen zu verharren, ist aus der Sicht des Schöpfers offenbar nicht die Bestimmung des Menschen, auch und vielleicht gerade, wenn er, wie Hiob, „gerecht, gottesfürchtig und das Böse meidend" (1, 1) ist.

Seit je fragt sich der Mensch: Wie kann Gott all das unermessliche Leiden zulassen? Gerade in der zweiten Hälfte des letzten Jahrhunderts wurde die Frage, wie man denn „nach Auschwitz" noch an einen gütigen Gott glauben könne, zeitweise zum Mittelpunkt des öffentlichen Diskurses. Ich habe es mehrmals miterlebt, wie man Weinreb ganz persönlich – „vor allem Sie als Jude" – diese Frage stellte. Seine ganz spontane Antwort war jedes Mal: Jetzt erst, jetzt kann ich erst wirklich glauben! Worauf einzelne jedes Mal sehr aggressiv reagierten, viele nur den Kopf schüttelten, andere es mit einer gewissen Scheu als Zeichen besonderer Frömmigkeit zu respektieren schienen.

Mit dem Verstand ist ein solches Bekenntnis sicher nicht zu verstehen. Vielleicht, denke ich manchmal, hat Weinreb die Hiobsgeschichte so oft und mit solcher Hingabe, viele Schichten unseres Lebens einbeziehend, erzählt, um uns an diesem erschütternden Erlebnis einer „Umwertung aller Werte", einer „Auferstehung im Leben" teilhaben zu lassen.

Als Entsprechung zum guten und reichen Leben Hiobs führt Weinreb einmal aus der Reihe der hebräischen Zeichen den Buchstaben Cheth an, die Acht, die immer mit der Erlösung verbunden ist. Der Name Cheth aber bedeutet „Zaun" und lautet wie das hebräische Wort für Sünde. „Warum der Zaun?", schreibt Weinreb in „Zeichen aus dem Nichts", „War der Mensch zu glücklich und wollte es für sich behalten? Wir grenzen anderes aus, wollen vom anderen nicht gestört werden. Ist das die Sünde? … Sollen wir Grenzen sprengen, Verlorenes zurücker-sehnen, andere Menschen, Tiere, Pflanzen miteinbeziehen wollen? Genügt es, seinen Weg vollendet zu haben? Wartet nicht die ganze Welt auf uns? … Sind wir bedeutender als wir denken? … Sollten wir mehr verlangen und erwarten, auch von uns selbst?" (6)

Was jetzt folgt, ist Finsternis, im Neunten; Finsternis ist ja auch die neunte der Plagen, mit der Ägypten geschlagen wird (2. Mose 10, 21). Und auch für Hiob beginnt jetzt die Zeit der Finsternis, und bald schon weiß er nicht mehr aus noch ein, verfällt in Verzweiflung und verflucht den Tag seiner Geburt.

Es beginnt damit, dass dem Hiob alles, was er hat, genommen wird, denn nur ein „Armer" kommt durch's Nadelöhr und kann den Weg in den Himmel gehen (vgl. Matthäus 19, 24).

Jeder der vier Boten, die nacheinander Hiob den Verlust seiner Rinder und Eselinnen, seiner Schafe, seiner Kamele, seiner Söhne und Töchter und ihres Hauses melden, endet mit der Wendung: „und ich bin allein entronnen, dass ich dir's ansagte." Die sprichwörtlich gewordenen „Hiobsbotschaften" – erhalten wir sie nicht ständig? Werden wir nicht jeden Augenblick beraubt? Immer der Reichtum an Möglichkeiten im Leben, aber nur *eine* entrinnt, wird Realität, gerade so lange, um sich als Gegenwart zu melden und gleich auch zu verschwinden, unwiederbringlich von der Finsternis verschluckt.

Der Verlust geht Hiob nah, aber ihn selbst hat es noch nicht erreicht.

Es kommt eben und geht, sagen wir dann nach dem ersten Schock, denn unser Ich, das wir meistens mit unserem Körper identifizieren, ist doch intakt.

Aber nun, in der nächsten Phase, erhält der Satan die Erlaubnis, Hiob in seiner Substanz, seiner Grundlage zu treffen, und er schlägt Hiob „mit bösen Schwären von der Fußsohle an bis auf seinen Scheitel. Und er nahm eine Scherbe und schabte sich und saß in der Asche" (Hiob 2, 8).

Die Haut ist voller stinkender „Geschwüre" – das heißt, die Außenseite ist krank, das Erscheinende zeigt Ekelerregendes. Verfall und Gespaltenheit, psychische Defekte und Destruktives, wohin man blickt. Das heute oft zu hörende „Es stinkt mir" ist kennzeichnend für Sinnlosigkeit, Überdruss und Langeweile, eine Art ständiger Verstörung. Hiob spürt, was ihm alles fehlt, und er bricht zusammen. Zeit der großen Krise, eigentliche Verzweiflung, in der man wie betäubt ist. Die schöne und bunte Formenvielfalt der Welt hat sich entzogen, Hiob sitzt in formloser grauschwarzer Asche.

Seine Klage äußert sich in bohrenden Fragen, die den Sinn des Lebens in Zweifel ziehen, ja, das Dasein überhaupt negieren: „Und warum hast du mich aus dem Schoße gezogen? Verscheiden hätte ich sollen, ohne dass ein Auge mich sah: ich wäre, als sei nie ich geworden, vom Mutterleib zum Grabe würde ich gebracht" (Hiob 10, 18–19).

Und wie ein Nachhall solcher Worte klingt Pozzos Feststellung in Samuel Becketts „Warten auf Godot": „Sie gebären rittlings über dem Grabe, der Tag erglänzt einen Augenblick und dann von neuem die Nacht." (7)

Wenn wir wirklich ganz schlimm dran sind, wenn es ums Ganze geht, kommen uns – wie zu Hiob die drei Freunde – Überlegungen und Erklärungsversuche aus allen Schichten unseres Seins.

„Als aber die drei Freunde Hiobs all das Unglück hörten, das über ihn gekommen war, kamen sie … und saßen mit ihm auf der Erde sieben Tage und sieben Nächte und redeten nichts mit ihm; denn sie sahen, dass der Schmerz sehr groß war (2, 11.13)."

Mit Hiob zusammen sind es die vier Elemente, die vier Fundamente des Lebens. Wir befinden uns dann in einer Art von Alarmzustand, der alle unsere Geistes- und Seelenkräfte mobilisiert. Deshalb sieht die Überlieferung auch in den drei Freunden, Elifas von Teman, Bildad von Schuach und Zofar von Naama, eine Entsprechung zu den drei Stufen der Seele und des Geistes im Menschen, die im Hebräischen „nefesch", „ruach" und „neschamah" genannt werden.

Der Körper, die konkrete Leiblichkeit, das Leben im Materiellen, diese letzte der vier Welten, von denen die Überlieferung erzählt, steht jetzt im Zentrum. Die drei anderen – die Welt nahe bei Gott, die Welt der Schöpfung, die Welt der Urformen – kommen zur Welt des Tuns, zur Welt, wo getan wird und getan werden soll, das ist ihre Auserwählung.

Drei Freunde hat Abraham (1. Mose 14, 24), drei Könige kommen zum Kind (Mt 2) – auch bei Hiob zeigt sich die Struktur der Vierfachheit allen Lebens und dass alles Vorangehende um des Vierten willen da ist. Denn nur *hier* manifestieren sich Krankheit und Leiden, weshalb Hiob seinen drei Freunden ja auch vorwirft, dass sie schön reden können, weil sie den ganzen Jammer nicht am eigenen Leibe spüren.

Aber auch nur *hier*, in gänzlicher Verlassenheit, wo man gar nichts mehr versteht, schließen sich das Vertrauen auf Gott und die radikale Infragestellung von Gottes Gerechtigkeit, das Hadern mit Gott, nicht aus. Weil Hiob Gott vertraut, hört er nicht auf zu klagen, anzuklagen und, vor allem, zu fragen.

Das Gespräch mit den drei Freunden, an dem sich am Schluss noch ein vierter, Elihu, beteiligt, umfasst etwa drei Viertel des ganzen Buches. Schon im hebräischen Original erscheint es als Gedicht mit tiefgründigen Gedanken in oft schwer verständlicher, manchmal fast unverständlicher Bildersprache. Gerade deshalb ist es auch so merkwürdig, dass auffallend viele Wortschöpfungen und Sprachbilder der Luther-Übersetzung in die Umgangssprache eingegangen sind; Hiob und seine drei Freunde wurden ganz verborgen im Deutschen heimisch. Ist hier die Sprache vielleicht vertrauter mit der Hiobsgeschichte als der Sprechende? Wer denkt an Hiob bei Ausdrücken und Wendungen wie: „Gewissensbisse" (27, 6), „es geht mir ein Licht auf" (25, 3), „auf keinen grünen Zweig kommen" (15, 32), „bis hierher und nicht weiter" (38, 11), „von gestern sein" (8, 9), „die Haare stehen mir zu Berge" (4, 15), „das ist mir zu hoch" (42, 3), „die Zunge klebt mir am Gaumen" (29, 10).

Das Hin und Her der Reden – nach der Überlieferung sind es neunzehn, entsprechend dem Zahlenwert des hebräischen Namens „ijob" (Alef – Jod – Waw – Beth, also 1+10+6+2 = 19) – umkreist die Frage: Warum eigentlich trifft es gerade mich so hart? Wie kann Gott solche Qualen zulassen?

Das Leben ist für Hiob unzumutbar geworden. Hier in der Welt zu leben, erscheint ihm sinnlos, weil das Leben hier nicht mehr in Übereinstimmung mit dem Dort, dem Jenseits ist. Aber statt in Verzweiflung zu resignieren, seine Schuld einzugestehen und sich mit seinem Schicksal abzufinden, wozu ihn seine drei Freunde mit vielen guten Gründen ziemlich energisch auffordern, wird er zum Aufrührer und fordert Gott selbst in die Schranken.

„Aber", sagt Hiob, „ich weiß, dass mein Erlöser lebt, und als der letzte wird er über dem Staub sich erheben. Und ist meine Haut noch so zerschlagen und mein Fleisch dahingeschwunden, so werde ich doch Gott sehen, ich selbst werde ihn sehen, meine Augen werden ihn schauen und kein Fremder. Danach sehnt sich mein Herz in meiner Brust" (19, 25–27).

Ein Lichtblick in der Finsternis sind diese Verse; in ihnen blitzt jener Funke der Sehnsucht auf, der vom „Sturm" (38, 1) dann entflammt werden wird. Sinn des Leidens, der Klagen und der Verzweiflung um dieses Funken willen, der zur Liebe entflammen kann? Ist Hiob deshalb ein Auserwählter und muss für seine drei Freunde am Ende „Opfer" bringen, weil denen der Funke fehlt?

Merkwürdigerweise begegnen wir diesem Funken auch mehrfach in den Texten Franz Kafkas, auf dessen Verwandtschaft mit Hiob Margarete Susman eindringlich hingewiesen hat (8). Und sie zitiert unter anderem eine Aufzeichnung Kafkas, die den Vers Hiobs von der Gewissheit der Erlösung in der Fremde des 20. Jahrhunderts allen akribischen Erklärungen *seiner* drei Freunde zum Trotz bestätigt:

„Es ist keine Widerlegung der Vorahnung einer endgültigen Befreiung, wenn am nächsten Tag die Gefangenschaft noch unverändert bleibt oder gar sich verschärft oder selbst wenn ausdrücklich erklärt wird, dass sie niemals aufhören soll. Alles das kann vielmehr notwendige Voraussetzung der endgültigen Befreiung sein." (9)

Während Hiobs Freunde unentwegt und fast zwanghaft nach Ursachen und Erklärungen für diesen Schicksalsschlag suchen, besteht Hiob darauf, dass ihm Unrecht geschieht.

Aber, sagen die Freunde, kann Gott denn ungerecht sein? All das trifft dich, weil du Schuld auf dich geladen hast, weil du dich weigerst, umzukehren, Buße zu tun, weil du ein Sünder bist. – Die Haltlosigkeit solcher und ähnlicher Argumente zeigt Hiob am Beispiel des Bösen auf, der für alle sichtbar in Wohlstand lebt und sich bester Gesundheit bis ins höchste Alter erfreut.

Hiobs bohrendes Fragen geht weiter, überschreitet die Grenze – wie Ruth die Grenze Moabs überschreitet, als sie ihrer Schwiegermutter folgt (Ruth 1, 16) –, denn er sucht aus seinem Leid heraus die Beziehung zu Gott. Damit zertrümmert er gleichsam das Gottesbild seiner Freunde, die Gottes Gerechtigkeit nur wie etwas Gesetzmäßiges sehen können. Deshalb drehen sich ihre Reden im Kreis, wie Elihu sagt, der als letzter redet, bevor Gott selbst zu Hiob spricht, denn ihre Überlegungen bleiben im beschränkten Horizont der Wahrnehmung gefangen. Dort aber ist der Sinn des Lebens nicht zu finden. Er kann nur von jenseits der Grenze her kommen, ist in der Vierheit unerreichbar.

Und so bricht Gott als der Fünfte, als der Eine gegenüber den Vier, im „Sturm", wie es im ersten Vers des achtunddreißigsten Kapitels heißt, zu Hiob durch, vieles umwerfend und entwurzelnd, was die Einsicht verhindert hat. Hiob *erfährt* und *erlebt* nun unmittelbar, was mit welchen Argumenten auch immer niemals erklärt werden kann.

Nach einer kabbalistischen Deutung, die Friedrich Weinreb in einem seiner Vorträge zu Hiob besonders hervorhebt, sind die Reden der Freunde, die eine Art Gesetzmäßigkeit von Schuld und Strafe, Wohlverhalten und Lohn verkünden, eine Entsprechung zur Schöpfungsgeschichte im ersten Kapitel der Genesis, wo Gott im Namen Elohim als Garant des Gesetzes wirkt. Alles ist zwar da, aber es konnte nichts wachsen, denn es hatte noch nicht geregnet, wie es in Genesis 2, 5, heißt. Der Sinn des Lebens und der ganzen Schöpfung kommt erst mit dem „Dunst", der von der Erde aufsteigt – ein Vorgang, der Hiobs bohrenden Fragen aus der Tiefe des Irdischen entspricht. Gerade darauf wartet der Himmel vielleicht, denn dann ist es Gott im Namen „der Herr", dem Tetragrammaton, der im Sein selbst die entscheidende Beziehung enthüllt. Denn dieser unaussprechbare Name enthält mit dem Verb „howe" als Stamm das Sein als Gegenwärtigkeit in allen vergangenen und allen zukünftigen Zeiten in einem und damit ein Lebensverhältnis, ein Liebesverhältnis, in der Gott vom Menschen und der Mensch von Gott abhängig ist.

Gott offenbart sich Hiob als der, der alles, vom Größten bis zum Kleinsten, erschafft, erhält und ernährt, indem er unablässig mit allem in inniger Beziehung ist. Gottes gegenwärtig sich verströmende Liebe schenkt und erhält das Dasein aller Lebewesen. Hiob erlebt das zusammen mit Gott in einer gewaltigen inneren Gemütsbewegung als ein Wachwerden, eine Erweckung seiner Liebe zur ganzen Welt. Unser Schicksal in der Welt ist eben nicht zu erklären, nur zu er-leben, er-lieben. Angst und jede Enge und Beschränkung der Beziehungen, wie sie Hiob in der Sorge um seine Zukunft kennzeichnen, ist nichts als Mangel an Liebe. Im Gespräch mit Gott selbst erlebt er in Fülle, was ihm fehlte.

Gott zeigt ihm auch die beiden gewaltigen Urtiere: Behemoth und Leviathan (die in heutigen Übersetzungen meistens als „Nilpferd" und „Krokodil" figurieren, als ginge es hier um antike zoologische Spezialitäten). In der jüdischen Überlieferung kennt man diese beiden Wesen als die zwei Säulen, die die Welt und das Leben tragen: Leviathan das Leben im Wasser, in der Zeit; Behemoth das Leben außerhalb der Zeit, der Ewigkeit. Sie werden, wie es in der jüdischen Überlieferung heißt, am Tisch des Messias, bei der großen Mahlzeit der Erlösung verspeist, werden Teil unseres Wesens. Wir selbst also sind es, unser Ich ist es, das diese beiden Urwesen verbindet, die Gott als Fundament des Lebens ernährt.

Eine Vision, keine Erklärung, erhält Hiob als Antwort auf seine Klagen, Anklagen, Fragen. Wie ein Blitz erhellt sie die dunkle Nacht seiner Ausweglosigkeit und Verzweiflung. Er schaut, was nicht zu fassen ist: den Gegensatz, die Vielheit als Einheit, ohne dass dabei der Gegensatz oder die Vielheit aufgehoben ist; die Zeitlichkeit und den Körper mit der Ewigkeit in Liebe verbunden, ohne dass das Leben in der Zeit und im Körper seine Farben, seinen Duft und seine Schönheit verloren hat. So kommt es auch in den Namen seiner drei Töchter, Jemima, Kezia und Keren-Happuch zum Ausdruck (42, 14), die Hiob nicht nur unversehrt, sondern sogar „doppelt" wiederfindet.

Nach der Wende im Leben, der permanenten Revolution, die immer wieder die alten Maßstäbe wegfegt und im Ausspruch Hiobs verdichtet ist: „Ich hatte von dir nur vom Hörensagen vernommen, aber nun hat mein Auge dich gesehen" (42, 5), geht das Leben mit ganz neuen Vorzeichen weiter. Hiob bleibt Hiob, aber der „Feind" ist jetzt zugleich der „Geliebte", wodurch das Geschenk des Reichtums im Leben verdoppelt ist: Statt der siebentausend hat er jetzt vierzehntausend Schafe, statt der dreitausend Kamele jetzt sechstausend, statt der fünfhundert Joch Rinder und fünfhundert Eselinnen jetzt tausend Joch Rinder und tausend Eselinnen (42, 12).

Jetzt sind es die „Freuden Hiobs", mit denen die Geschichte neu beginnt. Die Bibel hat sie uns nicht in dieser Ausführlichkeit wie die Leiden überliefert, aber zum Glück hat sie uns Friedrich Weinreb sein Leben lang erzählt. Als Geschichte der Erlösung und der Auferstehung ist sie, ein Geheimnis, in der Leidensgeschichte verborgen.

Literatur:

1. Weinreb F.: Schöpfung im Wort. Die Struktur der Bibel in jüdischer Überlieferung, Weiler im Allgäu 1994.
2. A.a.O. 473.
3. Kafka F.: Hochzeitsvorbereitungen auf dem Lande, Frankfurt am Main 89, 1966.
4. Alle Vorträge Friedrich Weinrebs zum Buch Hiob sind als Tonkassetten oder CDs beim „Tonarchiv Friedrich Weinreb Stiftung", Schulgasse 21, 6464 Tarrenz/Österreich, erhältlich.
5. Weinreb F.: Kabbala im Traumleben des Menschen, Kreuzlingen/München 1994 (Diederichs Gelbe Reihe)
6. Weinreb F.: Zeichen aus dem Nichts, Weiler im Allgäu 28, 1991.
7. Beckett S.: Auswahl in einem Band, Frankfurt am Main 221, 1967.
8. Susmann M., Kafka F. In: Gestalten und Kreise, Zürich 1954.
9. A.a.O., 366

Georg Fischer SJ

„Warum ist mein Schmerz anhaltend und meine Wunde unheilbar?" Zur Klage bei Jeremia und den Psalmen*

Stellen Sie sich vor, Sie kommen zu einem Verkehrsunfall. Ein Auto hat einen Fußgänger angefahren, der Verletzte liegt dort. Das Erste, worauf Sie wohl achten, wird sein, ob es noch ein Zeichen für Leben gibt. Liegt der Verunfallte regungslos da, dann wird Ihr Herz wesentlich höher schlagen, als wenn der Verunfallte stöhnt, sich windet und damit ganz eindeutige Zeichen des Überlebens gibt. – Ich möchte damit eine phänomenologische Betrachtung der Klage einleiten, noch ohne eine Unterscheidung, ob es sich um Klage über sich selbst oder über Andere handelt.

a) Klage ist ein *Lebenszeichen*. Wie bei dem Verunfallten, der noch stöhnt oder Bewegungen macht, deutlich ist, dass er noch lebt, so ist es mit der Klage. Wer klagen kann, in dem bewegt sich noch etwas.

b) Dann ist Klage auch eine *Reaktion*. Damit reagiert ein Mensch geistig auf Bedrohung oder Gefährdung, wobei auch die Seele mit betroffen ist. Diese Reaktion würde ich vergleichen mit jenen Abwehrkräften, die wir auch in anderen Weisen des körperlichen Reagierens kennen: nämlich unser Immunsystem. Klage ist eine gesunde Schutzreaktion, vergleichbar dem Hochfahren von Verteidigungsmaßnahmen, im Wunsch nach Überleben, nach Überstehen.

c) Klage ist für mich weiters eine *positive Kraft*. Sie unterscheidet sich darin z. B. von der Satire, die man zwar auch positiv einsetzen kann, die aber mehr negative, zerstörerische Elemente hat. Klage ist positiv im Vergleich zu Betrug oder zur Selbstzerstörung. Klage bringt zum Ausdruck, was in einem Menschen noch vor sich geht.

d) Dann kann man bei Klage eine *Suche nach Kommunikation* und *Gemeinschaft* feststellen. Zwar ist deutlich, dass sie auch etwas vom Eigenen ausdrückt, aber oft gibt es noch mehr ein Verlangen nach Kontakt. Klagende hoffen auf Trost. Die Suche nach Kommunikation und Gemeinschaft findet Erfüllung und Einlösung dort, wo Andere entgegenkommen, wo sie ein Ohr haben.

---

* Der vorliegende Beitrag ist aus der Umarbeitung eines Vortrags entstanden und behält diese Eigenart teilweise bei.

e) Klagen ist zudem ein *Zeugnis der Wahrheit*. Wer klagt, verdeckt nicht, wie es ihm geht. Er gibt den Nächsten Aufschluss über seinen wahren Zustand, darüber, wie ihm wirklich zumute ist. Und das ist grundsätzlich positiv zu sehen im Verhältnis dazu, dass Manche ihre dunklen Anteile, ihre Schattenseiten verdecken. Klagen bedeutet: Ich stehe zum Dunklen, zur Finsternis in mir.

Ich möchte nicht verschweigen, dass man Klagen natürlich auch *täuschend* einsetzen kann. Es gibt Menschen, die öfter oder dauernd jammern und damit gewisse Absichten verfolgen. Jammern kann nämlich Mitleid wecken im Andern, was einem wieder seelisch gut tut. Solches täuschendes Einsetzen der Klage findet sich sogar in biblischen Texten (ein Beispiel dafür ist Jischmael in Jeremia 41,6).

f) Klagen ist schließlich ein *Mittel der Erkenntnis*, durch das bisher Unbekanntes aufgeht oder deutlicher wird. Am Bild „Guernica" von Pablo Picasso wird deutlich, dass darin etwas vermittelt wird, nämlich die Gräuel, die Scheusale des Krieges.

In all diesen phänomenologisch zu beobachtenden Aspekten ist Klage ein „Tor zur Tiefe",[1] und es vermittelt einen Weg zum Leben.

Das Zeugnis des Alten Testaments

Was heute in der Wissenschaft und auch in der Begleitung von psychisch Kranken festgestellt wird,[2] das findet sich in Ansätzen und in Bemerkungen teilweise in den alten Texten der hebräischen Bibel in ganz ähnlicher Weise.

Dass dies alles nicht bloße Rede ist, lässt sich an vielen Büchern der Bibel aufzeigen. Die Bibel ist nämlich von Anfang an offen für alle menschlichen Erfahrungen und so gleichfalls für Trauer, Leid und Klage. Ich möchte nur erinnern, wie Esau um den Erstgeburtssegen betrogen wird (Genesis 27,34). Da heißt es: „Er schrie einen großen Schrei und überaus bitter." Hier kommt das ganze Schmerzhafte des Betrogenwerdens durch in einem expressiven Schrei, der gleichsam alles und auch die Familie zerreißt.

Ähnlich finden wir es bei seinem Gegenüber, bei Jakob. Wie seine Söhne ihren Bruder Josef verkaufen, geben sie ihn vor dem Vater für tot aus. Dessen Reaktion beschreibt Genesis 37,34 so: „Er zerriss seine Kleider, gürtete sich mit Sacktuch, trauerte viele Tage." Und dann in Vers 35: „Er weigerte sich, getröstet zu werden."

Dieses Sich-Weigern, sich trösten zu lassen, hat in der Bibel noch eine andere Stelle (Jeremia 31,15): „Rahel weigert sich, getröstet zu werden." Dort allerdings lässt Gott diese Antwort nicht stehen. Unmittelbar im anschließenden Vers 16 antwortet er der trauernden, betrübten Frau, die über den Tod ihrer Kinder weint: „Weine nicht!" Er verbietet ihr also das Weinen, setzt eine Grenze für ihre Klage und ihren Schmerz. Dann fährt er fort: „Es gibt Lohn für deine Mühen, es gibt Hoffnung und Zukunft für dich, denn Kinder kehren zurück." – Jeremia 31 darf man nicht so auslegen, dass die Klage der Mutter über den Tod ihrer Kinder unbeantwortet bleibt oder erst in Gottes Klage über den Tod Jesu eine Erfüllung fände, sondern sie findet im selben Kapitel im anschließenden Vers die erste Antwort. Und die zweite Antwort ergeht unmittelbar gleich etwas weiter, in Vers 20, wo Gott von sich offen legt, dass er immer dieser Kinder und des Volkes und der Gläubigen gedenkt und sich ihrer „erbarmend erbarmt", d. h. erbarmen muss.[3]

Die Beschreibung der Klage im Alten Testament ist sehr realistisch. Dies gilt für die *Formulierungen*: So sagt z. B. Jakob, der meint, sein Sohn Josef sei gestorben: „ Also steige ich hinunter zu meinem Sohn, trauernd in die Scheol" (Genesis 37,35). Der Realismus der Bibel gilt auch bezüglich des *Umfangs*: Von den 150 Psalmen enthalten zwei Drittel Klage, und nur etwa ein Drittel wird von Lob dominiert. Die Hebräische Bibel blendet den Schmerz, das Dunkle und die Klage nicht aus.

Doch sie redet davon in ihrer Sprache. Was an Schmerz und Nöten Menschen trifft, findet in der Bibel nicht nur den persönlichen individuellen Ausdruck, sondern eine hoch stilisierte, poetisch verdichtete Form. Beide Aspekte sind zu berücksichtigen: Einerseits kommt in den Texten persönliche Eigenart durch, andererseits hohe Stilisierung. Damit sind die Klagen der Bibel nicht nur das individuelle Erleben einer Einzelperson, sondern sie fassen gleichsam komprimiert eine Fülle der verschiedensten Leidensschicksale zusammen. Und sie formen daraus exemplarische Texte, die wiederum bis in die heutige Zeit, und anerkanntermaßen und vielfach bewährt, Betroffenen, heute Leidenden Trost, Hilfe und Orientierung geben können und sollen. Das ist auch mit ein Sinn des biblischen Kanons.

Jeremia

Jeremia nimmt bezüglich der Klage eine Sonderposition ein. Klage wird bei ihm sehr lange berichtet, er hat ein äußerst schweres Schicksal, das Todesgefahr, Verschleppung, Folter beinhaltet. Äußere Verfolgung und innere Anfechtungen prägen sein Leben. Den deutlichsten Zugang zum Leiden des Propheten erhalten wir in den so genannten Konfessionen.[4] Sie geben Zeugnis davon, von einem dramatischen Ringen um Klärung seiner Position, auch von seinem Leiden vor Gott. Gerade in diesen Leidenstexten ist Jeremia Modell geworden, Beispiel sowohl für viele Psalmen als auch für das Buch Hiob. Die folgenden Ausführungen konzentrieren sich vor allem auf die zweite Konfession (Jeremia 15,10–21). Sie heben jeweils einen Aspekt heraus und versuchen dann zu zeigen, was er für Klagebegleitung heute bedeuten könnte.

a) Ich beginne mit dem ersten Aspekt, der sich am Titel festmacht. Er stammt aus der zweiten Konfession, die auf das Verbot reagiert, dass Jeremia weiter für sein Volk fürbitten darf: In Jeremia 14 hatte Gott ihm bereits zum dritten Mal untersagt, für die Gemeinschaft einzutreten (Jer 14,11). Und darüber hinaus muss er der Gemeinschaft das Ende ansagen.

Das zeigt, dass es für die Klage Jeremias ein so genanntes *Vorfeld* gibt. Eine Klage bricht nicht aus dem Nichts auf, sondern hat eine Umgebung, eine Wurzel, ein Fundament, aus der sie wächst. Bei Jeremia ist sie eingebunden in eine äußerst belastete, man könnte fast sagen, ausweglose Situation. Das wird deutlich, wenn er sagt: „Alle sind mir fluchend" (Jer 15,10), und wo er von denen spricht, die ihn verfolgen (Jer 15,15).

Was ich hier mit Vorfeld oder einer belasteten Situation anspreche, das ist aber nicht nur für die zweite Konfession typisch, sondern ebenso anderswo belegbar. In der ersten Konfession (Jer 11,18) trachteten die Männer von Anatot ihm nach dem Leben, und er erhält eine Morddrohung. In der letzten, fünften Konfession sehen wir eine Reaktion auf Gefängnis, Schmach und Folter, die unmittelbar vorausgehen am Beginn von Kapitel 20 (Jer 20,1–3).

→ Daraus folgt: Es ist wichtig, Ursachen und Hintergründe des Klagens genau wahrzunehmen.

b) Die Konfessionen Jeremias sind *Anrede* an vertraute Personen. Jer 15,10 beginnt so: „Weh mir, meine Mutter, dass du mich geboren hast!" Die Mutter als Quell, Ursprung seines Lebens kommt in den Blick, und ebenso Gott: „Du, du weißt, Jahwe, gedenke meiner" (Jer 15,15). Gerade diese scheinbar vertrauten Anreden sind nicht unproblematisch. Sie zeigen, dass Jeremia eben in diesem Ansprechen sei-

ner Mutter und Gottes, vermutlich durch seinen großen Schmerz, ihnen ungerechtfertigte Vorwürfe macht. „Weh mir, meine Mutter,
dass du mich geboren hast." Was kann sie dafür! – Und Gott be-
kommt zu hören: „Du bist mir zum Trugbach geworden, wie unzu-
verlässige Wasser, die nicht treu sind" (Jer 15,18).

In der Anrede wird eine Beziehung erstellt, die aber gleichzeitig
schwer belastet und in Mitleidenschaft gezogen wird. Ähnliche irreale Überlegungen findet man auch heute, etwa als: „Hätte ich doch
nicht an diesen Ausflug gedacht!", oder in der Klage, die sich an
Felswände wendet.[5] Mir scheint dieses Element der unrealistischen
Hoffnungen ganz typisch für Klagen, insofern man gerne bereits Ge-
schehenes wieder aufheben möchte.

→ Klagen anhören kann für die Adressaten auch bedeuten, sich ohne eigene Schuld verletzen zu lassen.

c) Klage ist *Ausdruck innerer Zerrissenheit.* Die zweite Konfession
enthält eine Formulierung, die in der ganzen Bibel einmalig ist:
„Fanden sich Worte von dir, so aß ich sie, und es wurde mir dein
Wort zum Entzücken und zur Freude meines Herzens, denn dein Name ist ausgerufen über mir, Jahwe, Gott der Heere" (Jer 15,16). Nirgends sonst wird eine so große Freude über Gottes Wort ausgedrückt, wie innerhalb dieser zweiten Konfession, mitten im Leid.
Und sie steht unmittelbar vor dem scharfen Vorwurf an Gott, Trugbach geworden zu sein.

Das Phänomen so widersprüchlicher Gefühle begegnet nicht nur hier
im biblischen Text, sondern auch in den Psalmen vielfach, und ebenfalls bei Menschen heute. Klage und Dunkelheit sind oft dominie-
rend, aber mitten darin finden sich gleichfalls Lichtmomente. Diese
Mischungen sowie der starke Wechsel der Stimmungen führen zu einem Sich-nicht-mehr-Auskennen.

Die schwankenden Haltungen und Motive sind in kaum überbietba-
rer Weise in vielen Psalmen gesammelt und zum Ausdruck gebracht.
Man kann es ein „paradoxes Zugleich von Zweifel und Glauben"
nennen.[6] Dass Menschen ihre Trauer in Sprache fassen, wurzelt auch
in positiven Erfahrungen. So steht die Klage gleichzeitig da als ein
Zeugnis eines Kontrastes, wo Schmerz und Leid erfahrbar werden
im Leben, aber gleichfalls andere, freudige Momente.

Klagen spiegeln in paradoxer Weise beide Seiten der Wirklichkeit.
Darin liegt gleichfalls ein Moment der Hoffnung und ein Schlüssel

für neue Wege. Gerade in den schwachen Zeichen der Hoffnung gibt es Ansatzpunkte für ein Trösten.

→ In der Unsicherheit der Frage, was zählt denn noch in meinem Leben, was stimmt denn, das Positive oder das Negative, da dürfen Menschen, die Trauernde oder Klagende begleiten, aufmerksam sein für die Polarität von Schatten und Licht, das Auf und Ab im Leben und im Glauben, die grundsätzliche menschliche Zerbrechlichkeit. Sie sollen weder das Positive noch das Negative absolut setzen, sondern können, wie es auch bei Wellen und Wetter Hoch und Tief gibt, Zeugnis vom Leben in seiner reichen Fülle in den verschiedensten Momenten ablegen.

d) Jeremias Leiden hat eine Dimension, die *über seine Person hinausgeht*. In Jer 15,15 redet er Gott an: „Wisse, dass ich deinetwegen Schmach trage." Zwei Verse später sagt er: „Von deiner Hand (gepackt) saß ich einsam und allein, denn mit Grimm hast du mich erfüllt." In viele Klagen mischen sich Momente und Anteile, die nicht von der Person selber stammen und die folgerichtig auch den einzelnen Menschen und sein Empfinden weit überschreiten. Das sind Anteile, die durch die Kultur kommen, die von einer Gesellschaftsform, einer Diktatur oder Tyrannei oder sonstigen sozialen Systemen, von der sozialen Stellung, vom Beruf, usw. ausgelöst werden. Bei Jeremia liegt der tiefste Grund für sein Leiden in den Konflikten, die die ihm aufgetragene Sendung in ihm auslöst. Er sollte zu seinem Volk gehen und in ihm Hören bewirken, es ändern, zur Umkehr führen, doch es gelingt ihm nicht; er kann diesen Auftrag nicht erfüllen.

→ Begleiter von Klagenden müssen mit solchen fremden Elementen rechnen, die die betreffende Person gar nicht selbst gesucht hat und die oft auch nicht zu ändern sind. Dazu gehören z.B. Kriege, Unfälle, Verbrechen. Was dabei zählt, ist die dennoch geschenkte Nähe anderer Menschen, ihr einfaches Dasein.

e) Jeremia fragt: „Warum ist mein Schmerz anhaltend und meine Wunde unheilbar?" (Jer 15,18). Manches Leid geht vorüber; bei Kindern heilen Wunden sehr schnell – aber es gibt auch bleibende Verwundungen. Jeremia erfährt eine solche *dauernde, unaufhörliche Heillosigkeit*, und er führt das für den Titel des Beitrags verwendete Zitat sogar noch fort: „Warum weigert sie sich, geheilt zu werden?"

Dass eine prophetische Sendung ohne Ausweg mit Leiden verbunden ist, drückt er noch einmal in der fünften Konfession aus. Dort heißt es (Jer 20,8): „Sooft ich rede, muss ich schreien; Gewalttat und Bedrückung muss ich rufen. Denn dein Wort wurde mir zur Schande und zur Schmach." Macht Jeremia den Mund auf, bringt das für ihn Schande, Schmach und Leid. – Dann folgt im unmittelbar anschließenden Vers 9: „Dachte ich aber, ich will nicht mehr seiner gedenken und nicht mehr in seinem Namen sprechen, so war es in meinem Herzen wie Feuer brennend, eingeschlossen in meinem Innern. Ich bemühte mich, es auszuhalten und vermochte es nicht." Damit zeigen Jer 20,8–9 eine *ausweglose Alternative* auf: Wenn der Prophet redet, wird er von den Anderen verlacht und verspottet; redet er aber nicht, hält er es innerlich nicht aus. Ich finde kaum eine Passage, die treffender die Ausweglosigkeit des Leidens beschreibt als diese beiden Verse im Kapitel 20 von Jeremia.

→ Man darf daraus schließen, dass dem Leiden nicht auszukommen ist. Es gehört zum Leben. Das steht gegen die Illusion persönlicher Verschonung oder Bewahrtwerdens vor jeglichem Schweren. Auf Jeremias Frage: „Warum ist mein Schmerz anhaltend und meine Wunde unheilbar?" gibt das nach ihm benannte Buch keine direkte Antwort. Doch zeigt es die Erfahrung der Solidarität helfend eingreifender Menschen (z. B. von Ahikam, Baruch, Ebed-Melech),[7] und einen Prozess, der zur Begegnung mit Gott führt und darin tatsächlich eine Lösung bietet.

f) Damit sind wir an einen Zielpunkt bei Jeremias Klagen gelangt. Sie bleiben nämlich *nicht unerhört*. Gott *antwortet* auf die ersten beiden Konfessionen in Jer 11; 12 und 15, wobei es erstaunlich ist, dass Gottes Antworten fern jeden Schemas sind. Wie Gott auf seinen Propheten eingeht, hat viele Facetten. Auf der einen Seite gibt es Bestätigung und Schutzzusage für Jeremia auf den Angriff der Männer von Anatot, seinem Heimatdorf, hin (in Jer 11,21–23); Gott versichert ihm, dass jene, die ihm nach dem Leben trachten, selber gefährdet sind. – Auf der anderen Seite konfrontiert Gott seinen Gesandten und stellt ihn in Frage. Auf die vorwurfsvolle Anklage „Du bist mir zum Trugbach geworden" (Jer 15,18), antwortet Gott ihm im folgenden Vers 19: „Wenn du umkehrst, dann lasse ich dich umkehren; vor mir darfst du stehen. Wenn du Rechtes herausbringst statt Wertlosem, darfst du wie mein Mund sein. Sie, sie sollen zu dir umkehren, aber du, du darfst nicht zu ihnen umkehren." Gott zeigt Jeremia damit, dass er hier eine Grenze überschritten hat.

→ Dieses breite Spektrum der Reaktionen Gottes ist ein Zeugnis dafür, dass wir auch in der Klage-Begleitung durchaus deutlich machen können, dass es Grenzen gibt. Der Vorwurf der Untreue, der die Basis der Beziehung untergräbt, wird von Gott nicht stehen gelassen. Gott verharrt aber nicht nur bei seiner Kritik, sondern zeigt deutlich einen Weg auf („... wenn du wieder Rechtes redest"), und er gibt ihm erneut eine Schutzzusage, die in Jer 15,20f gleich dreifach ist: Mir scheint, dass die Breite dieser Reaktionen Gottes das lebendige, sensible und offene Eingehen auf Jeremias Nöte spiegelt. Gott nimmt die Leiden seines Propheten ernst, stellt sie aber zugleich in größere Zusammenhänge.

Antworten auf Klagen bestehen nicht so sehr aus Technik – so wichtig Gesprächsführung und andere Weisen der Einübung sind –, sondern das Wesentliche ist das echte Einbringen der eigenen Person und einer umfassenden Wahrheit. Das zweite, was man daraus schließen kann: Gott bleibt treu, solidarisch nahe und er rettet sogar vor Bösen und Gewalttätern.

Psalmen

Nach Jeremia sollen noch kurz die Psalmen zu Wort kommen, in dem, was sie für den Umgang mit Klagenden beitragen können. Die Psalmen sind Meditations- und Gebetstexte, die an Jeremia Maß nehmen und von ihm lernen,[8] wie Ijob, Chronik und andere Bücher des Alten Testamentes. Aus den Psalmen sollen noch einige zusätzliche Aspekte angesprochen werden.

– Wer die Psalmen liest oder betet, wird vielleicht entdecken, dass es sehr *schwierig* ist, *eine spezifische Situation herauszufinden*. Vieles mischt sich: Angriff durch Feinde, physische Krankheit, leiden an Schuld, Spott und Verachtung durch Andere, oft im selben Psalm. Dabei wird deutlich, dass mehrere Dimensionen zusammengehören, die Welt ein aus vielen Teilen bestehendes Ganzes ist, und der Mensch nicht alleine auf ihr ist. Die Bereiche der Natur und der Tiere sind in den Psalmen häufig angesprochen; Hunde, Löwen, Büffel (Psalm 22,21f), Wasser, Berge (Psalm 42,7f) und andere Elemente kommen dort im Zusammenhang mit Klagen vor.

– Ein besonderer Schmerz besteht darin, dass oft *die engsten Angehörigen*, ja sogar die Freunde, *sich gegen eine Person stellen*. In Psalm

55,13f heißt es: „Nicht mein Hasser hat sich gegen mich erhoben, …, sondern du, … mein Freund." Und als ob das noch nicht genügen würde, wird im Vers 15 dazugesetzt: „… die wir gemeinsam ins Haus Gottes gegangen sind." Psalmen wissen um das Leid des Betrogen- werdens, des Verrats, sogar in der Form, dass Menschen miteinander beten und dann gegen Andere in der Gemeinschaft vorgehen.

– Öfter fühlt sich der Beter *von Gott angegriffen*. Ein Beispiel dafür ist Psalm 38,3: „Deine Pfeile sind in mich eingedrungen", ein anderes Psalm 80,13, wo der Betende Gott fragend vorhält: „Warum rissest du seine (gemeint ist Israel) Mauern ein?". Hier wird wie bei Jeremia deutlich, dass Klagen zum Dialog, zur Anrede an Gott wird.

– Eine sehr weit verbreitete Wurzel für die Klage in den Psalmen be- steht im *Unrecht*. Die Ungerechtigkeit, die es sozial, wirtschaftlich, persönlich auf dieser Welt gibt, wird in den Psalmen häufig ange- sprochen, u.a. in der Anklage, dass selber getanes Gutes mit Bösem vergolten wird (so in Psalm 35,12; 38,21).

– Mit der *Vergänglichkeit des Lebens und dem Tod* liefern die Psalmen ein weiteres Thema der Klage. Es hält grundsätzlich an und begegnet öfter (z.B. Psalm 90, oder Psalm 39,5–7). Darauf kann wohl nur der eine Antwort finden, der Mensch-Sein nicht nur auf der physischen Ebene versteht. Einige Stellen in den Psalmen begreifen Leben über den Tod hinaus als Gemeinschaft mit Gott; zu ihnen zählen die En- den von Psalm 16 und von Psalm 17 sowie, kaum überbietbar, Psalm 73 in seinem letzten Teil (ab Vers 23).

– Klage kann auch zum Ausdruck bringen, dass die Gemeinschaft sich in einer solchen Verfassung findet, dass man *am liebsten weggehen*, weglaufen möchte (Psalm 55,7–9). Und Psalm 84,11 formuliert: „Lieber einen Tag in den Vorhöfen Gottes als tausend Tage in den Zelten der Frevler."

– Klagen sind in den Psalmen nahezu immer mit dem *Element der Hoffnung und des Vertrauens* verbunden.[9] In praktisch allen Klage- salmen finden sich solche Momente. Es bedeutet, dass die vorhin an- gesprochene Zerrissenheit, das Schwanken der Stimmungen von Kla- ge, Trauer, aber auch Hoffnung und Licht kennzeichnend für diese gedichteten Gebete sind. So führen sie in die Begegnung mit Gott hinein, was der entscheidende Schlüssel für ein Überwinden von Schmerz und Leid ist.

→ Natürlich darf man nicht einem Menschen, der an einer tiefen De- pression leidet, einfach sagen: „Bete die Psalmen, und es wird Dir besser gehen!" Doch die Psalmen, die Konfessionstexte Jeremias und auch die Klagelieder sind ein Weg, der helfen kann, weiter zu kommen, tiefer den Prozess des Leidens zu verstehen und so wieder in freundlichere, hellere Gefilde des Lebens zu gelangen. Außerdem können sie gerade Begleitende sensibel machen für die Empfindungen und Vorgänge, die Trauernde erleben; und sie halten die entscheidende Dimension unseres Lebens bewusst, dass wir alle eingeladen sind in die Begegnung mit dem umfassenden Gott.

Anmerkungen

[1] So der Titel eines Bildes von Paul Klee aus dem Jahre 1936 (abgebildet u. a. in B. Janowski, Konfliktgespräche mit Gott, Neukirchen 2003, 222).

[2] S. dazu die Beiträge von R. Kuhn und von P. van Heyster.

[3] Im Hebräischen eine außergewöhnliche Formulierung, die das Verb doppelt.

[4] Auf Deutsch „Bekenntnisse", in Anlehnung an das Werk des Hl. Augustinus. Es handelt sich um eine Reihe von Texten in Jeremia 11 bis 20.

[5] S. dazu den Beitrag von R. Kuhn.

[6] B. Janowski, Konfliktgespräche mit Gott, Neukirchen 2003, 220.

[7] Jer 26,24; 32,13f; 38,7–13; usw.

[8] Die Frage der literarischen Abhängigkeit ist unter Fachleuten umstritten; doch hat schon P.E. Bonnard, Le Psautier selon Jérémie, Paris 1960, für die Richtung von Jeremia zu den Psalmen votiert, und diese Einschätzung hat bis heute die besseren Argumente für sich.

[9] Einzig Psalm 88 endet mit düsteren Tönen; sonst sind als Abschlüsse Äußerungen der Zuversicht, des Dankens oder Lobens üblich.

Die Autoren dieses Buches:

PD Dr. Reinhold Boschki
Seminar für Religionspädagogik und Homiletik
Am Hof 1, D-53113 Bonn

O.Univ.-Prof.Dr. Georg Fischer SJ
Institut für Bibelwissenschaften und Fundamentaltheologie
Karl-Rahner-Platz 1, 6020 Innsbruck

O.Univ.-Prof. Dr. Hartmann Hinterhuber
Univ.-Klinik für Psychiatrie
Anichstraße 35, 6020 Innsbruck

K.-Rektor Paul van Heyster
Universitätsklinik für Psychiatrie
Währinger Gürtel 18–20, 1090 Wien

O. Univ.-Prof. DDr. Hans Peter Kapfhammer
Universitätsklinik für Psychiatrie
Auenbruggerplatz 31, 8036 Graz

Prof. Dr. med. Roland Kuhn †
CH-8596 Scherzingen

O. Univ.-Prof. Dr. Paul von Naredi-Rainer
Vorstand des Univ.-Institutes für Kunstgeschiche
Christoph-Propst-Platz, 6020 Innsbruck

Primarius Dr. Roger Pycha
Leiter des Zentrums für Geistige Gesundheit
Spitalstraße 4, I-39031 Bruneck

Univ.-Prof. Dr. Manfred Scheuer
Bischof von Innsbruck
Domplatz, 6020 Innsbruck

Christian Schneider
Thauros Verlag GmbH
Jakob-Huber-Straße 9, D-88171 Weiler im Allgäu

O. Univ.-Prof. Dr. Hans G. Zapotoczky
Universitätsklinik für Psychiatrie
Wenisbucherstraße 9, 8044 Graz